essentials

essentials liefern aktuelles Wissen in konzentrierter Form. Die Essenz dessen, worauf es als „State-of-the-Art" in der gegenwärtigen Fachdiskussion oder in der Praxis ankommt. essentials informieren schnell, unkompliziert und verständlich

- als Einführung in ein aktuelles Thema aus Ihrem Fachgebiet
- als Einstieg in ein für Sie noch unbekanntes Themenfeld
- als Einblick, um zum Thema mitreden zu können

Die Bücher in elektronischer und gedruckter Form bringen das Expertenwissen von Springer-Fachautoren kompakt zur Darstellung. Sie sind besonders für die Nutzung als eBook auf Tablet-PCs, eBook-Readern und Smartphones geeignet. essentials: Wissensbausteine aus den Wirtschafts, Sozial- und Geisteswissenschaften, aus Technik und Naturwissenschaften sowie aus Medizin, Psychologie und Gesundheitsberufen. Von renommierten Autoren aller Springer-Verlagsmarken.

Agostino Mazziotta · Verena Piper
Anette Rohmann

Interkulturelle Trainings

Ein wissenschaftlich fundierter
und praxisrelevanter Überblick

 Springer

Dr. Agostino Mazziotta
FernUniversität in Hagen
Deutschland

Verena Piper
FernUniversität in Hagen
Deutschland

Prof. Dr. Anette Rohmann
FernUniversität in Hagen
Deutschland

ISSN 2197-6708
essentials
ISBN 978-3-658-12872-2
DOI 10.1007/978-3-658-12873-9

ISSN 2197-6716 (electronic)

ISBN 978-3-658-12873-9 (eBook)

Die Deutsche Nationalbibliothek verzeichnet diese Publikation in der Deutschen Nationalbibliografie; detaillierte bibliografische Daten sind im Internet über http://dnb.d-nb.de abrufbar.

Springer
© Springer Fachmedien Wiesbaden 2016

Das Werk einschließlich aller seiner Teile ist urheberrechtlich geschützt. Jede Verwertung, die nicht ausdrücklich vom Urheberrechtsgesetz zugelassen ist, bedarf der vorherigen Zustimmung des Verlags. Das gilt insbesondere für Vervielfältigungen, Bearbeitungen, Übersetzungen, Mikroverfilmungen und die Einspeicherung und Verarbeitung in elektronischen Systemen.
Die Wiedergabe von Gebrauchsnamen, Handelsnamen, Warenbezeichnungen usw. in diesem Werk berechtigt auch ohne besondere Kennzeichnung nicht zu der Annahme, dass solche Namen im Sinne der Warenzeichen- und Markenschutz-Gesetzgebung als frei zu betrachten wären und daher von jedermann benutzt werden dürften.
Der Verlag, die Autoren und die Herausgeber gehen davon aus, dass die Angaben und Informationen in diesem Werk zum Zeitpunkt der Veröffentlichung vollständig und korrekt sind. Weder der Verlag noch die Autoren oder die Herausgeber übernehmen, ausdrücklich oder implizit, Gewähr für den Inhalt des Werkes, etwaige Fehler oder Äußerungen.

Gedruckt auf säurefreiem und chlorfrei gebleichtem Papier

Springer Fachmedien Wiesbaden ist Teil der Fachverlagsgruppe Springer Science+Business Media
(www.springer.com)

Vorwort

Das Thema interkulturelle Kompetenzen hat in den letzten Jahren in vielen gesellschaftlichen Bereichen an Bedeutung gewonnen. Zahlreiche Maßnahmen zur Schulung interkultureller Kompetenzen werden inzwischen angeboten. Häufig ist jedoch unklar, welche Ziele mit den Trainingsmaßnahmen im Einzelnen verfolgt werden, ob sie tatsächlich wirksam sind oder ob sie unter Umständen sogar unbeabsichtigte negative Auswirkungen nach sich ziehen.

Das vorliegende Essential bietet einen wissenschaftlich fundierten und gleichzeitig praxisnahen Überblick über interkulturelle Trainings. Herausforderungen im Rahmen der Planung und Durchführung von interkulturellen Trainings werden abgebildet und es wird aufgezeigt, wie deren Wirksamkeit in der Praxis erhöht werden kann. Darüber hinaus wird es um folgende Fragen gehen: Was sind interkulturelle Trainings? Wo werden sie eingesetzt? Welche Effekte haben interkulturelle Trainings? Welche Faktoren beeinflussen die Wirksamkeit interkultureller Trainings? Welche Ansätze stehen der Praxis zur Verfügung, um Trainings nachhaltiger zu gestalten?

Als Anregung zur kritischen Auseinandersetzung mit den Inhalten enthält der Text gezielte Fragen zur Reflexion sowie eine Checkliste für die Bewertung von bereits entwickelten Trainingsmaßnahmen. Darüber hinaus werden Beispiele theoretisch fundierter Trainings geschildert und ein Leitfaden zur Konzeption eigener Maßnahmen angeboten.

Was Sie in diesem Essential finden können

- Klärung von zentralen Begrifflichkeiten im Rahmen von interkulturellen Trainings
- Überblick über eingesetzte Methoden in interkulturellen Trainings
- Kritische Betrachtung der Wirksamkeit und Evaluation von interkulturellen Trainings
- Hinweise für die erfolgreiche Konzeption von interkulturellen Trainings
- Eine Checkliste zur Bewertung von bestehenden interkulturellen Trainingsmaßnahmen

Inhaltsverzeichnis

Einleitung 1

Die Komplexität und Diversität in unseren heutigen Lebenskontexten steigt und wird aufgrund der Globalisierung, des demografischen Wandels und der wachsenden räumlichen Mobilität weiter zunehmen. Bereits heute sind interkulturelle Kompetenzen eine ausschlaggebende Fähigkeit am Arbeitsplatz und im privaten Bereich. Interkulturelle Kompetenzen beziehen sich auf die Fähigkeit, die eigenen kulturell geprägten Denk- und Verhaltensweisen zu reflektieren (z. B. Werte, Normen, Herangehensweisen, Erwartungshaltungen), in interkulturellen Begegnungen sensibel für mögliche interkulturelle Unterschiede zu sein und sich kulturangemessen und flexibel zu verhalten.

Eine Möglichkeit, interkulturelle Kompetenzen zu schulen, sind interkulturelle Trainingsmaßnahmen. Interkulturelle Trainings sind heute nicht mehr nur für Führungskräfte von Bedeutung, die zur Knüpfung von Handelsbeziehungen für ein Unternehmen ins Ausland reisen. Mit unterschiedlichen Kulturen werden wir mittlerweile in vielen Lebensbereichen konfrontiert. Beispielhaft sind folgende Situationen:

Die 7-jährige Sherin ist mit ihren Eltern aus Ägypten nach Deutschland gezogen und in die erste Klasse eingeschult worden. Sie ist eine fleißige Schülerin, etwas ängstlich, aber sie bringt sich gut ein und knüpft nach und nach neue Freundschaften. Ihr Vater zeigt sich engagiert auf Elternversammlungen. Eines Tages verlangt er jedoch von Sherins Klassenlehrerin, dass diese darauf achten solle, dass Sherin nicht mit Jungen spiele. Die Lehrerin erklärt ihm rigoros, dass es an ihrer Schule keine Geschlechterdiskriminierung gebe, die Kinder selbst wählen dürfen, mit wem sie spielen möchten, und dieses Recht auch für Mädchen gelte. Schnell verhärten sich die Fronten und der Vater nimmt Sherin daraufhin von der Schule. Wie hätte die Lehrerin durch eine sensiblere Gesprächsführung und die tiefere Kenntnis, welche Sorgen hinter der Forderung des Vaters stehen, Sherins Schulwechsel nach bereits gelungener Eingliederung verhindern können?

© Springer Fachmedien Wiesbaden 2016
A. Mazziotta et al., *Interkulturelle Trainings*, essentials,
DOI 10.1007/978-3-658-12873-9_1

Ein deutsches mittelständisches Unternehmen aus der Automobilbranche fusioniert mit einem US-amerikanischen Produzenten. Aufgrund von Unterschieden in den Geschäftsprozessen und Erwartungshaltungen kommt es zu Konflikten zwischen Mitarbeitenden. Die Fusion gerät ins Stocken und droht zu scheitern. Kulturelle Überzeugungen über Führungsverhalten, Partizipation, Trennung von Privatem und Dienstlichem, Ansprache der Mitarbeitenden und Vorgesetzten sowie die Einstellung gegenüber der Flexibilität bei der Arbeitsgestaltung können Aspekte darstellen, die die Integration zweier Unternehmenskulturen maßgeblich beeinflussen. Wie könnten Unternehmen durch stärkeres Bewusstsein für kulturelle Einflüsse nachhaltigere Methoden und Unternehmensstrategien bei Fusionen implementieren?

Enrique hat von der mexikanischen Regierung ein Stipendium erhalten, um an einer deutschen Universität zu promovieren. Die Forschung bereitet ihm große Freude, doch der Aufbau von neuen Beziehungen fällt ihm schwer. Enrique hat den Eindruck, dass die anderen Promovierenden keinerlei Interesse an einem engeren Kontakt haben und sich nicht um eine gute Zusammenarbeit bemühen. Obwohl er schon seit mehreren Monaten Teil des Teams ist, drehen sich die bisherigen Gespräche immer nur um die Arbeit und die Teammitglieder haben noch nie etwas gemeinsam unternommen. Enrique erlebt dieses Verhalten als persönliche Ablehnung und zieht sich deshalb immer stärker zurück. Auch als Lehrkraft erfährt Enrique immer wieder herausfordernde Situationen mit Studierenden. Die Art und Weise, wie einige Studierende mit ihm reden, empfindet er als sehr respektlos. Langsam verliert er die Lust daran, mit den Studierenden zu arbeiten. Könnten die Spannungen bei der Zusammenarbeit gelöst werden oder hätten sie sogar verhindert werden können, wenn Enrique und die anderen Promovierenden mehr über die jeweiligen kulturellen Erwartungen wüssten? Könnte eine interkulturelle Vorbereitung das Verhalten der deutschen Studierenden und auch Enriques Annahme, die anderen Promovierenden hätten kein Interesse an einem näheren Kontakt, in ein anderes Licht rücken?

Diese Fallbeispiele sind Situationen aus dem Alltag. Doch wie geht man mit derartigen Situationen kompetent um? Was ist in den Situationen angemessenes Verhalten? Spielen hier immer Kultureinflüsse eine Rolle? Und wenn das so ist, welche Konsequenzen kann es haben, wenn die Situation nicht kultursensibel betrachtet wird? Dies sind Fragestellungen, die in einem interkulturellen Training neben vielen anderen Themen erarbeitet werden. Neben dem Faktor Kultur gibt es durchaus weitere Erklärungen, die herangezogen werden können (z. B. individuelle Persönlichkeitsfaktoren oder situationsabhängige Begründungen). Ziel der interkulturellen Betrachtungsweise ist es, möglichst viele alternative Erklärungen für Verhalten in Erwägung zu ziehen und daraufhin zu entscheiden, welche in einem bestimmten Kontext am wahrscheinlichsten ist.

Reflexion
Haben Sie einmal ein interkulturelles Missverständnis erlebt? Wie haben Sie sich in der Situation gefühlt? Was haben Sie gedacht? Wie haben Sie sich verhalten? Bitte denken Sie jetzt an eine interkulturelle Begegnung, bei der die Kommunikation ohne Irritationen und Missverständnisse stattgefunden hat. Was hat es in dieser Situation einfach gemacht, miteinander zu sprechen? Was haben Sie dafür getan, dass das Gespräch gut verläuft? Was hat Ihr Gegenüber dafür getan?

Begriffsklärungen: Kultur, Diversität, interkulturelle Trainings und Akkulturation

2

Die Begriffe *Kultur*, *(soziale) Diversität*, *Akkulturation* und *interkulturelle Trainings* werden in vielen verschiedenen Bereichen benutzt. Je nach Verwendungskontext kann sich ihre Bedeutung unterscheiden, weshalb es keine allgemeingültigen Definitionen gibt. Dieses Kapitel erläutert grundlegende Begrifflichkeiten im Rahmen von interkulturellen Trainings.

In diesem Buch wird *Kultur* als Lebenswelt einer sozialen Gruppe oder Community aufgefasst, die gekennzeichnet ist durch gemeinsame Interpretationsmuster, Normen, Werte, Praktiken und Gewohnheiten, die sich auf der Grundlage gemeinsamer Erfahrungen entwickelt haben (Lott, 2010). Jede Person gehört gleichzeitig unterschiedlichen Kulturen an (z. B. einer ethnische Gruppe, einem Geschlecht, einer Berufsgruppe, einer bestimmten Weltanschauung etc.). Dieses einzigartige und komplexe *multikulturelle Selbst* beeinflusst, wie wir uns selbst sehen, wie wir Ereignisse interpretieren, welche Überzeugungen wir über andere Personen haben und wie wir uns ihnen gegenüber verhalten (Lott, 2010). Der Einfluss der unterschiedlichen Kulturen ist individuell verschieden und kann für dieselbe Person über die Zeit sowie in Abhängigkeit von Situationen und sozialen und politischen Ereignissen variieren (Lott, 2010).

Diversität (auch Diversity; engl.: Vielfalt, Verschiedenheit) bezieht sich darauf, dass Personen sich hinsichtlich bestimmter Eigenschaften und Gruppenzugehörigkeiten voneinander unterscheiden (bzw. ähneln) oder dass eine Gruppe oder Organisation sich aus verschiedenen Personen zusammensetzt, die beispielsweise unterschiedlichen Berufsgruppen, Altersgruppen oder Geschlechtern angehören. Auf welchen Dimensionen sich Personen unterscheiden (bzw. ähneln) können, wird im Kreismodell von Gardenswartz und Rowe (2008) veranschaulicht. Das Modell besteht aus insgesamt vier Schichten. Die erste Schicht stellt die Persönlichkeit eines Menschen dar, die sich während der Sozialisation herausbildet und die individuellen Charaktereigenschaften eines Menschen umfasst. In der nächsten Schicht

© Springer Fachmedien Wiesbaden 2016
A. Mazziotta et al., *Interkulturelle Trainings*, essentials,
DOI 10.1007/978-3-658-12873-9_2

befinden sich innere Diversitätsdimensionen, die relativ stabil sind. Beispiele hierfür sind das Geschlecht, die sexuelle Orientierung, die physischen Fähigkeiten, der Jahrgang oder der ethnische Hintergrund. Diese Dimensionen werden häufig als *Kerndimensionen* von Diversität bezeichnet. Die sogenannten äußeren Dimensionen in der folgenden Schicht sind bis zu einem gewissen Grad veränderbar. Beispiele sind der Familienstand, die Religion, die Berufserfahrungen oder das Einkommen. Die letzte Schicht bilden organisationale Dimensionen wie der Arbeitsort, Netzwerke oder Eigenschaften der Abteilung. Gardenswartz und Rowe stellen somit ein umfangreiches Modell zur Systematisierung von unterschiedlichen Diversity-Dimensionen dar, welches die Vielzahl und Vielfältigkeit von Dimensionen verdeutlicht, auf der sich Menschen unterscheiden (bzw. ähneln) können.

> **Reflexion**
> Inwieweit uns unterschiedliche Dimensionen von Diversität beeinflussen, wie wir uns fühlen, was wir denken und wie sich andere Personen uns gegenüber verhalten, hängt davon ab, in welchem Kontext wir uns befinden. Wo, wann und mit wem haben Sie die Erfahrung gemacht, dass bestimmte Diversitätsdimensionen besonders relevant sind? Haben Sie selbst bereits die Erfahrung gemacht, dass Sie aufgrund Ihres Geschlechts oder anderer persönlicher Charakteristika bevorzugt behandelt wurden? Haben Sie vielleicht bereits auch die Erfahrung gemacht, dass Sie aufgrund von bestimmten Diversitätsaspekten diskriminiert wurden? *Diskriminierung* liegt dann vor, wenn Personen aufgrund ihrer Gruppenzugehörigkeit ungleich behandelt werden, obwohl sie sich eine Gleichbehandlung wünschen.

Die Auswirkungen von Diversität können sehr vielfältig sein: Eine positive Wirkung auf der individuellen Ebene können erhöhte Kreativität und bessere Arbeitsleistungen sein (Leung, Maddux, Galinsky, & Chiu, 2008). Auch Organisationen formulieren Diversität immer häufiger als explizites Ziel und führen unter dem Stichwort *Diversity Management* Maßnahmen durch, mit denen Diversität gefördert werden soll bzw. die Möglichkeiten von Vielfalt optimal genutzt werden sollen. Ziele sind dabei beispielsweise eine erhöhte Produktivität (Richard, Kirby, & Chadwick, 2013) oder die Entwicklung von Innovationen (Yang & Konrad, 2011). Gleichzeitig wird Andersartigkeit jedoch oftmals als bedrohlich wahrgenommen, was zu Verunsicherung und der Abwertung oder gar Diskriminierung von Menschen, die Minderheiten angehören, führen kann (Stephan, 2014). Wichtig ist, zwischen kurz- und langfristigen Konsequenzen von Diversität zu unterscheiden. Putnam (2007) diskutiert, dass Diversität kurzfristig zu Entsolidarisierungstendenzen und geringerem Vertrauen in Organisationen und Gesellschaften führen kann, langfristig jedoch wirtschaftliche und kulturelle Vorteile mit sich bringt. Festzuhalten bleibt, dass Diversität nicht pauschal als 'gut' oder 'schlecht', 'gewinnbringend' oder 'verunsichernd' beurteilt werden kann. Entscheidend ist, wie Individuen, Organisationen und Gesellschaften mit Diversität umgehen. Interkulturelle Trainings können in diesem Zusammenhang einen wichtigen Beitrag leisten. Sie bieten den Teilnehmenden einen Raum, in dem sie ihre persönlichen Kompetenzen gezielt weiterentwickeln können.

Interkulturelle Trainings (auch Diversity-Trainings) sind strukturierte und zeitlich begrenzte Interventionen, die Personen darauf vorbereiten sollen, sich angemessen in kulturell diversen Situationen zu verhalten. Darüber hinaus sollen sie Vorurteile und diskriminierendes Verhalten abbauen (Bhawuk & Brislin, 2000; Pendry, Driscoll, & Field, 2007). Wenn Menschen aus unterschiedlichen Kulturen längerfristigen Kontakt miteinander haben, weil sie beispielsweise zusammen arbeiten oder zusammen leben, finden Veränderungsprozesse statt, die als *Akkulturation* bezeichnet werden. Die Veränderungen, die sich aus dem Zusammentreffen von Personen unterschiedlicher Kulturen ergeben können, finden auf unterschiedlichen Ebenen statt. Sie reichen von veränderten Ernährungsgewohnheiten über neue ökonomische Situationen, den Gebrauch einer neuen Sprache bis hin zu psychologischen Veränderungen, wie etwa der Veränderung von Normen und Werten (Berry, 1997). Nach dem Kulturbegriff von Lott (2010) findet Akkulturation nicht nur dann statt, wenn Menschen mit unterschiedlichen ethnischen Hintergründen aufeinandertreffen, sondern allgemein, wenn Angehörige von Gruppen mit unterschiedlichen Kulturen über einen längeren Zeitraum miteinander interagieren. Wie bereits angedeutet, trifft dies auch bei Fusionen von Unternehmen zu, wenn unterschiedliche Unternehmenskulturen aufeinandertreffen. Für die Belegschaften kann die Integration der beiden Unternehmenskulturen mit ihren jeweiligen Regeln und Normen in eine neue, gemeinsame Kultur einen langen Anpassungsprozess bedeuten. Gleiches gilt für Krankenhäuser, Schulen, Kirchengemeinden und Vereine, die heutzutage ebenfalls häufig von Fusionen bzw. Zusammenlegungen betroffen sind.

Reflexion

Finden Sie weitere Beispiele für Situationen aus der Arbeitswelt, in denen unterschiedliche Vorstellungen hinsichtlich der Zusammenarbeit herrschen, und denken Sie über mögliche Konsequenzen nach. Folgen Sie hierbei der Kulturdefinition von Lott (2010) und suchen Sie Beispiele für kulturelle Unterschiede, die sich nicht auf den nationalen oder ethnischen Hintergrund beziehen. Finden Sie auch Beispiele, in denen in zwei Kulturen sehr ähnliche Vorstellungen vorherrschen?

Einsatzfelder von interkulturellen Trainings   3

Die Ursprünge der interkulturellen Trainings liegen in den USA (Pusch, 2004). Die Gründe für die Durchführung interkultureller Trainings in amerikanischen Organisationen haben sich im Verlauf der Zeit verändert. Zunächst sollten die Trainings *Expatriates* (Mitarbeitende eines Unternehmens, die berufsbedingt für einen längeren Zeitraum ins Ausland entsendet werden) auf Auslandseinsätze vorbereiten, d. h. sie dazu befähigen, besser mit einem eventuellen Kulturschock umzugehen und effektiv in der fremden Kultur zu agieren. Während der 60er- und 70er-Jahre wurden interkulturelle Trainings hingegen verstärkt eingesetzt, um im eigenen Land die Anforderungen der Antidiskriminierungsgesetze zu erfüllen und einen Beitrag zur sozialen Gerechtigkeit zu leisten. Ende der 80er- bis Mitte der 90er-Jahre sollten wiederum die Arbeitsbeziehungen in Organisationen mit einer diversen Belegschaft verbessert werden, während sich in den letzten zwei Jahrzehnten die Erkenntnis durchsetzte, dass soziale Diversität einen strategischen Wettbewerbsvorteil darstellt und somit einen substanziellen betriebswirtschaftlichen Nutzen haben kann (Anand & Winters, 2008).

Die Implementierung von interkulturellen Trainings in Deutschland befindet sich noch in der Entwicklungsphase. Durch das 2006 in Kraft getretene Allgemeine Gleichbehandlungsgesetz (AGG), den demografischen Wandel, die steigende Zuwanderung sowie den Nutzen einer diversen Belegschaft könnte das Thema 'Diversity' eine neue Prominenz in Gesellschaft und Wirtschaft erlangen. Infolgedessen könnte die Anzahl der durchgeführten Trainings zur Förderung von interkultureller Kompetenz steigen.

Neuere Ansätze beziehen sich gezielt auf die Förderung interkultureller Kompetenz in Ländern, in denen Menschen mit unterschiedlichem kulturellem Hintergrund zusammenleben (Herfst, van Oudenhoven, & Timmerman, 2008). Verschiedene Initiativen oder bundesweite Projekte zeigen die zunehmende Bedeutung des Themas in unserer Gesellschaft: Die 'Charta der Vielfalt' (http://www.charta-der-

© Springer Fachmedien Wiesbaden 2016
A. Mazziotta et al., *Interkulturelle Trainings,* essentials,
DOI 10.1007/978-3-658-12873-9_3

vielfalt.de) wurde ins Leben gerufen, um gezielt die Vielfalt in Unternehmen und Institutionen zu fördern, während 'Schule ohne Rassismus' (http://www.schule-ohne-rassismus.org) eine Initiative von Schülerinnen und Schülern ist, die sich gegen Diskriminierung in der Schule einsetzen. In den 'XENOS'-Projekten (http://www. xenos-de.de) steht wiederum die interkulturelle Öffnung von Verwaltungsstrukturen im Mittelpunkt.

Abweichend von Lotts (2010) Verständnis von Kultur liegt den meisten interkulturellen Trainings jedoch ein eher enger Kulturbegriff zugrunde, der sich etwa auf Nationalitäten oder Ethnien beschränkt. Dies spiegelt sich beispielsweise in der aktuellen Umfrage zur derzeitigen Diversity-Trainingspraxis im deutschsprachigen Raum wider (Mazziotta, Rohmann, & Piper, 2015), an der 172 Personen teilgenommen haben, die selbst Diversity-Trainings durchführen, Diversity-Trainings koordinieren oder in der Aus- und Weiterbildung von Trainerinnen und Trainern tätig sind. Ein großer Anteil der Studienteilnehmenden (88 %) gab an, dass Ethnizität oder Nationalität als Diversitätsdimension schwerpunktmäßig in ihren Diversity-Trainings bearbeitet wird. Weitere genannte wichtige Dimensionen waren Geschlecht (72 %), soziale Herkunft (56 %), Religion/Weltanschauung (55 %), Alter (42 %), sexuelle Identität (33 %) und Behinderung (30 %).[1]

Mittlerweile gibt es eine Vielzahl von Trainingsmaßnahmen, die für unterschiedliche Aufgabenstellungen und Kontexte entwickelt wurden, in denen interkulturelle Begegnungen stattfinden können:

- Betreuung, Beratung und Therapie von Mitgliedern sozialer Minoritäten im Gesundheits- und Sozialwesen (z. B. Kim & Lyons, 2003; van Keuk, Ghaderi, Joksimovic, & David, 2010),
- Unterrichten und Lernen in kulturell diversen Kindergärten, Schulen und Universitäten (z. B. Bosse, 2009; Jugert, Jugert, & Notz, 2014),
- Zusammenarbeit und Führung einer vielfältigen Belegschaft in Wirtschaftsunternehmen (z. B. Kumbruck & Derboven, 2009; Wegge & Schmidt, 2015),
- interkulturelle Interaktionen bei der Polizei (z. B. Kälber & Braun, 2011),
- Vorbereitung auf einen berufs- bzw. ausbildungsbedingten Auslandsaufenthalt (z. B. Mendenhall, Stahl, Ehnert, Oddou, Osland, & Kühlmann, 2004).

Die Umfrage von Mazziotta et al. (2015) zur Diversity-Trainingspraxis im deutschsprachigen Raum zeigt, dass interkulturelle Trainings am häufigsten in Bildungseinrichtungen wie Schulen, Hochschulen und Volkshochschulen durchgeführt

---

[1] Mehrfachnennungen. Dies bezieht sich auch auf die folgenden berichteten Ergebnisse aus der Befragung zur Diversity-Trainingspraxis im deutschsprachigen Raum.

werden (72 %). Mit 55 % gaben knapp über die Hälfte der Befragten an, für gemeinnützige Organisationen wie Gewerkschaften, Kirchen und Vereine tätig zu sein. Weitere Kontexte waren Wirtschaftsorganisationen (47 %) sowie öffentliche Verwaltungen (37 %).

Der häufigste von den Befragten angegebene Grund, warum interkulturelle Trainings im deutschsprachigen Raum angeboten werden, ist die Vorbereitung darauf, mit Personen anderer sozialer Gruppen in Kontakt zu treten und zusammenzuarbeiten. An zweiter Stelle wurde angegeben, dass interkulturelle Trainings eingesetzt werden, um bestehende Konflikte zu lösen, die sich im Kontakt mit Personen anderer sozialer Gruppen ergeben. An dritter Stelle stand die Integration von Personen, die benachteiligten Gruppen angehören, und somit im weiteren Sinne ein Beitrag zu mehr sozialer Gerechtigkeit. Das Bestreben, vom wirtschaftlichen Nutzen zu profitieren, der mit einer diversen Belegschaft einhergeht, sowie die Einhaltung von gesetzlichen Vorgaben (z. B. Allgemeines Gleichbehandlungsgesetz) wurden seltener als Gründe zur Durchführung von interkulturellen Trainings angegeben (Mazziotta et al., 2015).

Klassifikation von interkulturellen Trainings 4

Gudykunst und Hammer (1983) entwickelten eine inzwischen weitverbreitete Klassifikation für interkulturelle Trainings. Sie teilen die Trainings anhand ihrer Inhalte (kulturspezifisch vs. kulturübergreifend) und methodischen Ansätze (didaktisch vs. erfahrungsbasiert) ein. *Kulturspezifische Trainings* fokussieren auf die Vermittlung von Kenntnissen und Fähigkeiten in Bezug auf eine spezifische Kultur, beispielsweise landeskundliche Inhalte (Geografie, Bevölkerung, Geschichte und Sprache eines Landes), kulturspezifische Informationen zur nonverbalen und paraverbalen Kommunikation sowie soziale Verhaltensregeln. In *kulturübergreifenden Trainings* geht es um die allgemeine Sensibilisierung dafür, wie Kulturen das menschliche Erleben und Verhalten prägen und beeinflussen können. Ziel ist es, die Trainingsteilnehmenden zu einer erfolgreichen Kooperation mit Personen aus anderen Kulturen zu befähigen, unabhängig davon, aus welcher Kultur die andere Person stammt. *Didaktische Trainingsansätze* unterliegen der Überzeugung, dass die Wissensvermittlung über eine Kultur auf der kognitiven Lernebene eine notwendige Voraussetzung dafür ist, interkulturell erfolgreich zu interagieren. Verfolgt man diesen Ansatz, können beispielsweise Methoden wie Vorlesungen und Diskussionsrunden genutzt werden, bei denen Ähnlichkeiten und Unterschiede zwischen Kulturen thematisiert werden. Abgrenzend dazu gründen *erfahrungsbasierte Trainingsansätze* auf der Annahme, dass ein interkultureller Lernprozess durch eigene ganzheitliche Erfahrungen geprägt sein sollte. Zum Einsatz kommen hierbei Methoden wie Simulationsspiele (z. B. Thiagarajan, 2006) oder Rollenspiele (z. B. McCaffery, 1995), die nicht nur auf der kognitiven, sondern auch auf der emotionalen und verhaltensbezogenen Ebene Reaktionen auslösen sollen.

Durch die Kreuzung dieser beiden Dimensionen können vier Trainingstypen unterschieden werden, die in Tab. 4.1 dargestellt sind (Bolten, 2006; siehe auch Gudykunst, Guzley, & Hammer, 1996; Fowler & Blohm, 2004).

© Springer Fachmedien Wiesbaden 2016
A. Mazziotta et al., *Interkulturelle Trainings*, essentials,
DOI 10.1007/978-3-658-12873-9_4

Tab. 4.1 Klassifikation interkultureller Trainings nach Inhalt und methodischem Ansatz. (Bolten 2006)

	Didaktischer Ansatz	Erfahrungsbasierter Ansatz
Kulturübergreifende Inhalte	Kulturübergreifende Assimilators	Simulationen und Rollenspiele zur interkulturellen Sensibilisierung
	Vorträge und Diskussionen zur interkulturellen Kommunikation oder kulturvergleichenden Psychologie	Contrast Culture Trainings
	Trainingsvideos	Instrumente zur Selbstreflexion
Kulturspezifische Inhalte	Kulturspezifische Assimilators	Bikulturelle Workshops zur interkulturellen Kommunikation
	Fremdsprachenunterricht	Kulturspezifische Simulationen und Rollenspiele
	Cross-cultural Dialogues	Exkursionen in Zielkulturen

Kulturübergreifende Assimilators können dem didaktischen Ansatz mit kulturübergreifenden Inhalten zugeordnet werden (z. B. Brislin, 1986). Dabei werden Beispielsituationen vorgestellt, die eine konfliktäre oder irritierende Interaktion zwischen Mitgliedern unterschiedlicher Kulturen beinhalten. Anhand von verschiedenen Antwortvorgaben zur Erklärung der Situation sollen die Teilnehmenden lernen, wie die jeweilige kulturelle Sichtweise und somit auch kulturell angemessenes Verhalten aussieht. Neben kulturübergreifenden Assimilators existieren mittlerweile zahlreiche kulturspezifische Assimilators, die für ein spezifisches Land entwickelt wurden (z. B. China: Thomas, Schenk, & Heisel, 2014; Israel: Oberst & Thomas, 2012; USA: Slate & Schroll-Machl, 2013). Kritisch anzumerken ist jedoch, dass dieser Trainingsansatz hauptsächlich auf die kognitive Lernebene fokussiert und emotionale und Verhaltenskomponenten des Lernprozesses zunächst vernachlässigt.

Eine Methode, die dem didaktischen und kulturspezifischen Ansatz zugeordnet werden kann, sind die Cross-cultural Dialogues (z. B. Storti, 1994). Anhand von realen bzw. realitätsnahen Dialogen zwischen Menschen aus unterschiedlichen Kulturen lernen die Teilnehmenden, das kulturspezifische Kommunikationsverhalten zu analysieren und andere Perspektiven einzunehmen.

Simulationen sind eine beliebte Methode im erfahrungsbasierten Ansatz. Hierbei erfahren die Teilnehmenden selbst, wie es ist, wenn unterschiedliche Kulturen aufeinandertreffen. Dies kann anhand von real existierenden Kulturen (kulturspezifisch) geschehen oder auch anhand von synthetischen, fiktiven Kulturen (z. B. Hofstede & Pedersen, 1999). Der Vorteil von Simulationen mit synthetischen

Kulturen ist, dass das Risiko für die Verstärkung von Stereotypen gering gehalten wird. Auf der anderen Seite besteht das Risiko, dass Teilnehmende die Situation als zu künstlich erleben und der Transfer auf das alltägliche Leben schwerfällt.

Ein weiteres Beispiel für den erfahrungsbasierten kulturübergreifenden Ansatz sind Instrumente zur Selbstreflexion (z. B. Stringer & Cassiday, 2003). Diese grundlegende Methode soll es Trainingsteilnehmenden ermöglichen, die eigene kulturelle Prägung im Denken, Fühlen und Handeln wahrzunehmen. Für erfolgreiche interkulturelle Begegnungen ist vor allem wichtig, die eigene kulturelle Identität, Werte und Überzeugungen zu reflektieren und somit das Bewusstsein dafür zu schärfen, wie (kulturelle) Identitäten Interaktionen beeinflussen (Chao, Okazaki, & Hong, 2011). Mittlerweile werden vermehrt Online-Trainings entwickelt, wie das erfahrungsbasierte, kulturübergreifende Culture Awareness Training von Klinge, Rohmann und Piontkowski (2009). Es ist auch kontext- und zielgruppenabhängig, welcher Ansatz sinnvoll ist. In vielen Trainings werden Mischformen eingesetzt. Eine ausführliche Analyse und kritische Bewertung unterschiedlicher Methoden, die im Rahmen von interkulturellen Trainings eingesetzt werden, liefern Fowler und Blohm (2004).

Welche Inhalte und Methoden typischerweise im Rahmen von interkulturellen Trainings thematisiert beziehungsweise eingesetzt werden, wurde bisher nur selten systematisch untersucht. Mendenhall et al. (2004) haben in ihrem Überblicksartikel die empirischen Befunde bezüglich der Wirksamkeit von interkulturellen Trainings für Expatriates in der Zeit zwischen 1988 und 2000 zusammengefasst. In Bezug auf die methodischen Ansätze hatten 56 % der Trainings eine überwiegend didaktische Ausrichtung, während 26 % eine überwiegend erfahrungsbasierte und 21 % eine Kombination der beiden Ansätze besaßen. In Bezug auf die Trainingsinhalte bezogen sich 54 % auf eine spezifische Kultur, 33 % auf kulturallgemeine Inhalte und 10 % auf eine Kombination der beiden Inhalte.

Besondere Bedeutung bekommt die Klassifikation bei der Planung von interkulturellen Trainings nach zuvor festgelegten Lernzielen. Viele interkulturelle Trainerinnen und Trainer verfolgen mit ihren Trainings das Ziel, Verhaltensänderungen zu bewirken (Bendick, Egan, & Lofhjelm, 2001). Auf der anderen Seite zeigen die Ergebnisse der Befragung zur Diversity-Trainingspraxis in Deutschland (Mazziotta et al., 2015), dass sich die Inhalte zumeist auf Perspektivübernahme, Vorurteile und Stereotype, Identität und Wahrnehmungstrainings beziehen und weniger auf konkrete Verhaltensänderungen. Es muss sichergestellt sein, dass die ausgewählten Inhalte und Methoden tatsächlich zu den formulierten Lernzielen eines interkulturellen Trainings passen. Letztendlich wirkt sich dies auf den Zeitumfang eines Trainings aus: Interaktive, verhaltensbezogene Methoden nehmen häufig mehr zeitlichen Raum ein als beispielsweise Methoden, die sich vorrangig auf die kognitive Ebene beziehen (z. B. Wissensvermittlung durch eine Präsentation). Es gilt jedoch nicht zwangsläufig 'je länger, desto besser'. Walton (2014) beschreibt sehr eingängig, dass selbst kurze (theoretisch fundierte) Interventionen effektiv sein können. Beispielsweise zeigten Walton, Cohen, Cwir und Spencer (2012), dass eine einstündige Intervention zur Reflexion über das Thema 'Gruppenzugehörigkeit' bei College-Studierenden, die einer Minorität angehörten, in Zusammenhang mit einer langfristigen positiven Veränderung in den Noten stand. Letztendlich bedürfen wirksame Trainings einer sorgfältigen und evidenzbasierten Planung, welche die angestrebten Lernziele mit geeigneten Methoden verknüpft.

Interkulturelle Trainings können Reaktionen auf unterschiedlichen Ebenen auslösen (Bolten, 2006; Mendenhall et al., 2004). Reaktionen auf der affektiven (gefühlsbezogenen) Ebene sind beispielsweise die Steigerung von Respekt, Wertschätzung und Vertrauen in Bezug auf Personen anderer Kulturen oder der Abbau von Vorurteilen, Ängsten und Unsicherheiten. Reaktionen auf der kognitiven (gedankenbezogenen) Ebene sind eine veränderte Wahrnehmung von Gruppenzugehörigkeiten, die Aneignung von Wissen darüber, wie Kultur das menschliche Handeln und Verhalten beeinflusst oder welche Ähnlichkeiten und Unterschiede zwischen der eigenen und der fremden Kultur existieren. Letztlich sind Reaktionen auf der verhaltensbezogenen Ebene die Förderung der sozialen, kommunikativen sowie Konfliktlösungsfähigkeiten.

Vergleichsweise wenig ist darüber bekannt, *warum* interkulturelle Trainings wirken. Welche psychologischen Prozesse werden durch bestimmte Übungen und Einheiten ausgelöst, die für die beschriebenen Trainingseffekte verantwortlich sind? Die Beantwortung dieser Frage bedarf des systematischen Vergleichs unterschiedlicher Trainingsinhalte und einer Evaluation von Maßnahmen in der Praxis. Dies wird jedoch aufgrund fehlender zeitlicher Ressourcen und fachlicher Kompetenzen relativ selten umgesetzt. Hinderlich wirkt sich diesbezüglich ebenfalls aus, dass für viele Trainerinnen und Trainer Theorien und wissenschaftliche Erkenntnisse häufig keinen unmittelbaren praktischen Nutzen haben und Trainings oft nicht theoretisch fundiert sind bzw. nicht dem aktuellen wissenschaftlichen Kenntnisstand entsprechen (Gudykunst et al., 1996). Stattdessen basieren interkulturelle Trainings häufig auf Intuition oder auf der Kombination von bewährten Trainingseinheiten, die sich bereits im Repertoire der Trainerinnen und Trainer befinden (Gudykunst et al., 1996). Vereinzelt gibt es jedoch interkulturelle Trainings, die die Verbindung zwischen angenommenen Wirkprozessen, Lernzielen und Methoden klar abbilden. Beispielhaft sollen hierfür die interkulturellen Trainings von Ehrke, Berthold und Steffens (2014) sowie Madera, King und Hebl (2013) vorgestellt werden. Insgesamt ist eine engere Verzahnung von Wissenschaft und Praxis wünschenswert (Paluck, 2006). Die Wissenschaft kann theoretische und im Labor untersuchte Erkenntnisse stärker in die Praxis kommunizieren. Die Praxis kann diese Inhalte für den jeweiligen Anwendungsbereich adaptieren, deren Wirksamkeit empirisch überprüfen und ihre Erkenntnisse an die Wissenschaft zurück kommunizieren, was wiederum förderlich für die Überprüfung und Weiterentwicklung von Theorien ist.

> **Beispiel: Das theoretisch fundierte interkulturelle Training von Ehrke, Berthold, & Steffens (2014; siehe auch Ehrke & Steffens, 2014)**
>
> **Dauer:** 8 h
>
> **Ziel des Trainings:** Vielfalt innerhalb von übergeordneten Gruppen soll stärker erkannt und im Anschluss an das Training aktiv gesucht werden.
>
> **Theoretische Grundlage:** Dem Training liegt das *Eigengruppenprojektionsmodell* (engl.: Ingroup Projection Model) von Mummendey und Wenzel (1999) zugrunde. Das Modell nimmt an, dass Gruppen (z. B. lesbische und heterosexuelle Frauen) vor dem Hintergrund einer gemeinsamen übergeordneten Kategorie (z. B. Frauen) bewertet werden. Merkmale, die Menschen Mitgliedern ihrer Eigengruppe zuschreiben, werden als typisch für Mitglieder der übergeordneten Kategorie angenommen (Eigengruppenprojektion). Aufgrund der Abweichung von diesen als typisch angenommenen Merkmalen werden die Mitglieder der Fremdgruppe negativer bewertet. Wenn die übergeordnete Kategorie als vielfältiger wahrgenommen wird, verbessert sich die Bewertung der Fremdgruppe.
>
> **Aufbau des Trainings:** Das Training besteht aus vier inhaltlichen Teilmodulen und einem Rahmenmodul. Es beginnt mit dem Kennenlernen, einer thematischen Einführung sowie einer Erwartungsabfrage. Bereits die Kennenlernübung hat das Ziel, dass sich die Teilnehmenden der Komplexität ihrer eigenen sozialen Identität bewusst werden. Im ersten Modul werden Begrifflichkeiten wie Stereotyp, soziale Kategorisierung und Diskriminierung eingeführt und Teilnehmende angeleitet, ihr eigenes stereotypes Denken sowie die damit einhergehenden Konsequenzen der Kategorisierung zu erkennen. Weiterhin wird Wissen über Diskriminierung vermittelt und anhand eines Beispiels veranschaulicht, dass Kategorisierungen eine starke Vereinfachung der Wirklichkeit darstellen. Die Teilnehmenden werden hier angeleitet, stärker auf Vielfalt innerhalb von Gruppen zu achten. Das zweite Modul besteht aus Aktivitäten, die die Teilnehmenden dafür sensibilisieren und sie erfahren lassen, inwieweit Diskriminierung bzw. auch zugeschriebene Privilegien im Alltag eine Rolle spielen. Im dritten Modul des Trainings werden Geschlechterstereotype mit dem Ziel thematisiert, zu erkennen, dass Sexismus alle Geschlechter betrifft.

Das abschließende vierte Modul beinhaltet eine Übung, die die Teilnehmenden anleitet, sich von stereotypen Zuordnungen zu lösen und vermehrt Unterkategorien zu bilden, um Eigenschaften differenzierter und vielfältiger wahrzunehmen. Das Training schließt mit einer inhaltlichen Zusammenfassung und einer Abschlussrunde ab.

Eingesetzte Methoden: Wissensvermittlung, interaktive Methoden wie Übungen und Diskussionen, Filmausschnitte und verschiedene Spiele.

Ergebnisse der Evaluation: Das Eigengruppenprojektionsmodell sieht die wahrgenommene Vielfalt einer übergeordneten Kategorie als Einflussfaktor für die Einstellungen gegenüber Fremdgruppen. Um die Wirksamkeit des Trainings zu überprüfen, wurde daher zum einen die wahrgenommene Vielfalt der übergeordneten Kategorie an drei Messzeitpunkten erhoben. Es wurde angenommen, dass sich die wahrgenommene Vielfalt durch die Teilnahme an dem Training erhöht. Weiterhin wurde untersucht, ob sich sexistische Einstellungen durch das Training verringern. Beides wurde bestätigt und darüber hinaus belegt, dass die Reduktion der sexistischen Einstellungen in der erhöhten wahrgenommenen Vielfalt der übergeordneten Kategorie begründet ist (d. h. der Effekt des Diversity-Trainings auf sexistische Einstellungen wird durch eine erhöhte wahrgenommene Vielfalt der übergeordneten Kategorie vermittelt).

Auch durch das interkulturelle Training von Madera et al. (2013) wird eine Einstellungsveränderung erzielt. Darüber hinaus werden durch das Training explizit Änderungen im Verhalten der Teilnehmenden angestrebt:

Beispiel: Das theoretisch fundierte interkulturelle Training von Madera, King, & Hebl (2013)

Dauer: 1,5 h

Ziel des Trainings: Durch das Erreichen selbstgesetzter Verhaltensziele außerhalb der Trainingssituation sollen die Teilnehmenden positivere Einstellungen und Verhaltensweisen gegenüber Schwulen und Lesben entwickeln.

Theoretische Grundlage: Das Training basiert auf der *Zielsetzungstheorie* von Locke und Latham (1990). Sie besagt, dass Ziele zwei Funktionen erfüllen: Sie stellen eine motivationale Basis dar und lenken Verhalten. Dabei beeinflussen die Ziele die Leistung über vier Mechanismen: 1) Ziele lenken die Aufmerksamkeit und Anstrengung auf zielrelevante Verhaltensweisen; 2) Ziele haben eine anregende Funktion; schwierige Ziele führen zu stärkerer Anstrengung als einfache; 3) Ziele beeinflussen die Ausdauer, mit der sie verfolgt werden, indem Individuen ihre Anstrengungen bei herausfordernden Zielen aufrechterhalten; 4) Ziele nehmen auf das Verhalten indirekt Einfluss, indem sie zur Anregung, zum Entdecken und zur Nutzung aufgabenrelevanten Wissens und relevanter Strategien führen.

Die erhoffte Wirkung der selbstgesetzten Ziele auf die Einstellungen und das Verhalten der Teilnehmenden wird mithilfe der Theorie der kognitiven Dissonanz (Festinger, 1957) erklärt: Wenn Menschen Verhalten zeigen, welches nicht mit den eigenen Einstellungen vereinbar ist, können sie entweder ihre Einstellungen oder ihr Verhalten ändern. Dies geschieht aufgrund der Tatsache, dass Menschen eine Tendenz besitzen, Übereinstimmung zwischen ihren Einstellungen und ihrem Verhalten anzustreben. Es wird vermutet, dass durch die selbstgesetzten Ziele das Verhalten der Teilnehmenden beeinflusst wird. Steht Letzteres nicht in Einklang mit den eigenen Einstellungen, verändern sich diese, um dem gezeigten Verhalten zu entsprechen.

Ablauf des Trainings: Teilnehmende werden zunächst gebeten, einen persönlichen Vertrag mit sich zu vereinbaren, der dazu führen sollte, dass sie eine positive und wertschätzende Einstellungen gegenüber sexueller Vielfalt entwickeln. Die konkreten Ziele, die sich die jeweiligen Teilnehmenden setzen, sollten spezifisch, herausfordernd, erreichbar und persönlich sein (Zielbeispiel: „Ich werde das Wort 'schwul' nicht in abwertender Weise verwenden."). Anschließend diskutieren sie mit Mentorinnen und Mentoren, die einer ethnischen oder sexuellen Minorität angehören, über ihre Erfahrungen mit der Zugehörigkeit zu einer stigmatisierten Gruppe.

Eingesetzte Methoden: Zielsetzung, Diskussionen und Austausch über unterschiedliche stigmatisierte Gruppen, Unterstützung durch Mentorinnen und Mentoren.

Ergebnisse der Evaluation: Teilnehmende, die sich Ziele gesetzt hatten, berichteten mehr unterstützende Einstellungen und Verhaltensweisen gegenüber Schwulen und Lesben (z. B. hatten sie Schwule und Lesben persönlich kennengelernt, nicht über einen 'Schwulen-Witz' gelacht) als Teilnehmende einer Kontrollgruppe, die sich keine Ziele gesetzt hatten. Der positive Zusammenhang zwischen Zielsetzung und Einstellungen gegenüber Schwulen und Lesben wurde durch unterstützende Verhaltensweisen gegenüber Schwulen und Lesben vermittelt, d. h. die Einstellungen der Teilnehmenden wurden durch ihr Verhalten gegenüber Schwulen und Lesben verändert. Dem Zeitfaktor kommt dabei eine zentrale Rolle zu: Drei Monate nach dem Training zeigten die Teilnehmenden zwar mehr unterstützende Verhaltensweisen, diese beeinflussten jedoch noch nicht die Einstellungen gegenüber Schwulen und Lesben. Erst acht Monate später hatten sich auch die Einstellungen verbessert. Selbstgesetze Ziele brauchen also Zeit, um ihre Wirkung zu entfalten.

Wirksamkeit und Evaluation von interkulturellen Trainings 5

Die Durchführung von interkulturellen Trainings geht häufig mit einem erheblichen personellen und zeitlichen Aufwand einher. Deshalb sollten nur interkulturelle Trainings durchgeführt werden, die empirisch nachgewiesen jene Kompetenzen fördern, die sie angeben zu trainieren. Damit die Wirksamkeit einer Trainingsmaßnahme belegt werden kann, müssen klare Lernziele in Beziehung zu den gewählten Inhalten und Methoden gesetzt werden. Wird ein Programm als erfolgreich evaluiert bezeichnet, ist es sinnvoll, genau nachzuvollziehen, auf welche Ebene sich die Evaluation bezieht. Die Evaluation von Trainingsprogrammen kann nach dem Modell von Kirkpatrick (Kirkpatrick & Kirkpatrick, 2006) auf vier unterschiedlichen Ebenen erfolgen:

1) *Reaktion*: Diese Ebene bezieht sich auf die Reaktionen der Teilnehmenden eines Trainings, wie Zufriedenheit oder wahrgenommener Nutzen des Trainings.
2) *Lernerfolg*: Diese Ebene bezieht sich darauf, ob sich die Einstellungen, das Wissen oder die Fähigkeiten durch die Teilnahme an dem Training verändert haben.
3) *Verhalten*: Diese Ebene bezieht sich auf die Veränderung von Verhaltensweisen, die aus der Teilnahme an dem Training resultieren.
4) *Endergebnis*: Diese Ebene bezieht sich auf die lang andauernden organisationalen Veränderungen, die aus der Teilnahme am Training resultieren, beispielsweise bezüglich des Diversity-Klimas, der Fluktuation von Mitarbeitenden oder des Geschäftsergebnisses.

Eine gute Evaluation sollte sich auf alle vier Ebenen beziehen (Kirkpatrick & Kirkpatrick, 2006). Oftmals handelt es sich bei der Überprüfung der Wirksamkeit von Diversity-Maßnahmen um eine Evaluation auf den Ebenen 1 und 2 (Hite & McDonald, 2006; Konradt, Hertel, & Behr, 2002). So zeigte eine Umfrage zur Durch-

© Springer Fachmedien Wiesbaden 2016
A. Mazziotta et al., *Interkulturelle Trainings, essentials*,
DOI 10.1007/978-3-658-12873-9_5

führung von interkulturellen Managementtrainings in Deutschland (Konradt et al., 2002), dass 81 % der Trainingsanbietenden die subjektiven Reaktionen der Trainingsteilnehmenden (Zufriedenheit) erfassen und 65 % die subjektive Einschätzung des Erfolges einer Maßnahme. Objektivere und stärker verhaltensbezogene Daten wie beispielsweise Wissenstests, Wohlergehen während des Auslandsaufenthaltes oder konkrete Verhaltensindikatoren wurden nur in 30 % der Fälle erfasst. Dieses Ergebnismuster wurde ebenfalls in der Befragung zur Diversity-Trainingspraxis im deutschsprachigen Raum repliziert (siehe auch Rohmann, Froncek, Mazziotta, & Piper, 2015).

Trainingsevaluationen werden in der Praxis häufig durchgeführt, um die Qualität eines bestehenden Trainings zu optimieren, neue Trainings zu konzipieren oder die Kompetenzen von Trainerinnen und Trainern weiterzuentwickeln. Die Überprüfung, ob ein durchgeführtes Training die Ziele erreicht, die es angibt zu erreichen, wurde und wird häufig vernachlässigt. Dies liegt möglicherweise daran, dass vordergründig die Zufriedenheit der Teilnehmenden oft für den Fortbestand der Trainings von größerem Interesse ist als die eigentlichen Effekte der Maßnahme auf die Teilnehmenden. Ein weiterer Grund können fehlende personelle und finanzielle Ressourcen darstellen, wenn es um eine aufwendige Evaluation auf der Verhaltensebene geht. Die Beschränkung auf die ersten beiden Evaluationsstufen ist problematisch, da nicht klar ist, wie sich positiv evaluierte Trainings auf den ersten beiden Stufen auf tatsächliches Verhalten und Erleben in realen Alltagssituationen auswirken und welcher langfristige Nutzen damit verbunden ist (Alliger, Tannenbaum, Bennett, Traver, & Shotland, 1997).

Trotz der Popularität des Themas liegen vergleichsweise wenige Untersuchungen zur Wirksamkeit von interkulturellen Trainings vor, die methodische Mindestanforderungen erfüllen. Aus Sicht der Forschung wird beispielsweise empfohlen, die Untersuchungen auf Grundlage von (quasi-)experimentellen Designs aufzubauen, also Personen zufällig auf eine Interventions- und Kontrollbedingung aufzuteilen. Des Weiteren sollte die Unabhängigkeit der Messwerte sichergestellt werden (d. h. die Daten einer Person sollen unabhängig von den Daten einer anderen Person erhoben werden) und der Einfluss von möglichen Stör- und Drittvariablen unterbunden werden, damit Alternativerklärungen ausgeschlossen werden können. Ist eine zufällige Zuteilung von Personen auf Interventions- und Kontrollbedingung nicht möglich, kann es zu Verzerrungen der Daten durch Selbstselektion kommen. Es könnte beispielsweise sein, dass Personen mit hohen interkulturellen Kompetenzen am Training teilnehmen, während Personen mit geringen interkulturellen Kompetenzen die Teilnahme meiden. Denkbar ist auch, dass Interventions- und Kontrollbedingungen sich nicht nur in Bezug auf die experimentelle Manipulation unterscheiden, sondern auch bezüglich einer Reihe von weiteren Aspekten wie Trainereinsatz, Ort und Zeit der Durchführung oder Dauer. Zudem ist bei der

Evaluation von Trainings zu empfehlen, unterschiedliche Datenquellen heranzuziehen (z. B. Selbstaussagen der Trainingsteilnehmenden, Fremdaussagen der nahestehenden Personen oder Kolleginnen und Kollegen, objektive Daten wie Tests oder Beobachtungen) sowie Daten an mehreren Messzeitpunkten zu erheben (vor dem Training, unmittelbar nach dem Training und mit einem zeitlichen Verzug, um einen möglichen Transfer zu erfassen). Nur auf diesem Wege können zuverlässige Schlussfolgerungen gezogen werden.

In der Umfrage zur Diversity-Trainingspraxis im deutschsprachigen Raum (Rohmann et al., 2015) zeigte sich, dass 74 % der Befragten Diversity-Trainerinnen und Trainer immer oder meistens eine Evaluation der Maßnahme durchführen. Doch oft beruht die Evaluierung auf Selbstauskünften der Teilnehmenden (90 %) und nur 42 % der Befragten gaben an, dass sie auch Informationsquellen durch Dritte hinzuziehen. Obwohl Selbstaussagen im Rahmen von Trainingsevaluationen sehr informativ sein können, besteht hier die Gefahr, dass sie bestimmten systematischen Verzerrungen unterliegen (z. B. ist bei Personen, die sich freiwillig für ein Training entscheiden, die Wahrscheinlichkeit höher, dass sie es unabhängig von den Inhalten und Methoden des Trainings positiver bewerten, als wenn sie zwangsweise daran teilnehmen). Weiterhin ist festzustellen, dass die Mehrheit der Befragten die Evaluation direkt im Anschluss an das Training durchführt (88 %). Da Trainings häufig starke emotionale Reaktionen auslösen können, besteht dabei die Gefahr, dass solche Emotionen die Ergebnisse systematisch verzerren. Deutlich seltener (35 %) werden Evaluationen zu einem späteren Zeitpunkt (im Durchschnitt ca. 7 Wochen nach dem Training) durchgeführt.

In der einschlägigen Literatur finden sich zum Teil widersprüchliche Befunde bezüglich der Wirksamkeit von interkulturellen Trainings. Erst die systematische Zusammenfassung der verfügbaren Evaluationsstudien (Forschungssynthese) zu interkulturellen Trainings im Rahmen eines Reviews oder einer Meta-Analyse erlaubt valide und reliable Aussagen darüber, ob, wie häufig, in welchem Ausmaß und unter welchen Bedingungen eine Intervention bestimmte Wirkungen hat. Eine Meta-Analyse hat den Vorteil, dass eine Vielzahl von wissenschaftlichen Einzelbefunden in einen größeren Kontext gesetzt wird und deswegen eine verlässlichere Bewertung der Befunde zulässt. Bisher liegen keine Reviews oder Meta-Analysen vor, die abschließend die Frage beantworten könnten, ob interkulturelle Trainings im Allgemeinen wirken. Es liegen nur Arbeiten vor, die sich auf bestimmte Trainingsmethoden, Trainingsanlässe oder Trainingskontexte beschränken (z. B. Bhawuk & Brislin, 2000; Deshpande & Viswesvaran, 1992; Kulik & Roberson, 2008; Mendenhall et al., 2004).

Die Forschungssynthese von Mendenhall et al. (2004) macht beispielsweise deutlich, dass die Beurteilung, ob interkulturelle Trainings für Expatriates wirksam sind, von den verwendeten Evaluationskriterien (Indikatoren) abhängt. Interkulturelle Trainings führten in 81 % der Studien zu zufriedenen Reaktionen der Trainingsteilnehmenden. In 60 % der Studien wirkten sich interkulturelle Trainings positiv auf kognitive Evaluationskriterien aus (z. B. Wissen über andere Kulturen, Bewusstsein für kulturelle Unterschiede). Während sich interkulturelle Trainings nur in 45 % der Studien positiv auf einstellungsbezogene Evaluationskriterien auswirkten (z. B. Ethnozentrismus, positive Fremdgruppeneinstellungen und Stereotype) und nur in 39 % der Studien auf verhaltensbezogene Evaluationskriterien (z. B. die Fähigkeit, Probleme in der interkulturellen Begegnung zu lösen, mit interkulturellen Missverständnissen umzugehen oder sich kultursensibel zu verhalten). Aufgrund der geringen Anzahl von Evaluationsstudien, welche die Wirksamkeit interkultureller Trainings in Bezug auf die Anpassung der Expatriates im Zielland und deren Arbeitsleistung untersucht haben, können zum gegenwärtigen Zeitpunkt diesbezüglich keine verlässlichen Aussagen gemacht werden.

Eine weitere Arbeit, die 74 Evaluationsstudien von Diversity-Initiativen zur Förderung der interkulturellen Kompetenzen in akademischen und organisationalen Kontexten zusammenfasst, kommt zu vergleichbaren Ergebnissen (Kulik & Roberson, 2008). Diversity-Initiativen haben insbesondere positive Effekte auf kognitive Evaluationskriterien (z. B. Wissen darüber, wie Stereotype und soziale Kategorisierung Einstellungen und Verhalten beeinflussen können), während die Effekte auf affektive (z. B. Einstellungen gegenüber sozialer Diversität oder bestimmten sozialen Gruppen) und verhaltensbezogene Evaluationskriterien (z. B. die Fähigkeit, erfolgreich zu kommunizieren, Konflikte und Missverständnisse zu lösen, und zur Teamarbeit) gemischt sind. Kulik und Roberson (2008) kritisieren, dass die Erfassung der verhaltensnahen Evaluationskriterien sowie die Untersuchung, ob die Wirkung auch über einen längeren Zeitraum nachzuweisen ist, vernachlässigte Aspekte bei der Durchführung von Evaluation von interkulturellen Trainings darstellen.

Reflexion
Stellen Sie sich die folgende Situation vor: Sie wollen die Effekte eines interkulturellen Trainings innerhalb einer Organisation untersuchen. Wie würden Sie die Trainingsevaluation gestalten, sodass aus den Ergebnissen möglichst verlässliche Schlussfolgerungen bezüglich der Wirksamkeit und des Nutzens des Trainings gezogen werden könnten? Welche Daten würden Sie zu welchem Zeitpunkt, wie, bei wem erheben?

Potenzielle Nebenwirkungen von interkulturellen Trainings 6

Die Evaluation von interkulturellen Trainings in der Praxis ist auch deshalb notwendig, da trotz guter Absichten nicht-intendierte (negative) Effekte auftreten können. Nicht-intendierte Effekte beziehen sich auf Wirkungen, die zunächst nicht durch die Umsetzung eines Trainings beabsichtigt und unter Umständen nicht vorhersehbar sind (Harris & Ogbonna, 2002). Diese Wirkungen können sowohl positiv als auch negativ sein. Beispiele für positive nicht-intendierte Effekte sind eine erhöhte (Arbeits-)Motivation der Trainingsteilnehmenden, ein stärkeres Zusammengehörigkeitsgefühl von Arbeitsgruppen oder die Entwicklung von Freundschaften, die aufgrund der Teilnahme an einem Training entstanden sind. Problematischer sind negative nicht-intendierte Wirkungen wie beispielsweise die Verstärkung von Vorurteilen, Stereotypen und diskriminierendem Verhalten oder die Zunahme der Verunsicherung im Umgang mit Angehörigen unterschiedlicher Kulturen (z. B. Sanchez & Medkik, 2004; Von Bergen, Soper, & Foster, 2002).

Hinweise in Form von Do's und Don'ts zum Umgang mit anderen Kulturen können dazu führen, dass Angehörige anderer Kulturen untereinander sehr ähnlich wahrgenommen werden, und so bereits vorhandene Stereotype verstärkt werden. Wird nicht transparent kommuniziert, warum in einer Organisation interkulturelle Trainings durchgeführt werden und bestimmte Personen eingeladen oder gar verpflichtet wurden, daran teilzunehmen, besteht ebenfalls die Gefahr negativer nicht-intendierter Wirkungen: Wenn Trainingsteilnehmende vermuten, dass sie aufgrund von persönlichen Defiziten ausgewählt wurden, kann daraus Reaktanz und Widerstand gegen die Auseinandersetzung mit den Inhalten und Methoden des Trainings resultieren. Des Weiteren besteht die Möglichkeit einer Wechselwirkung zwischen den persönlichen Werten und Überzeugungen der Trainingsteilnehmenden und den

© Springer Fachmedien Wiesbaden 2016
A. Mazziotta et al., *Interkulturelle Trainings*, essentials,
DOI 10.1007/978-3-658-12873-9_6

Inhalten eines interkulturellen Trainings. Beispielsweise können Teilnehmende sich angegriffen fühlen, wenn für die Toleranz gegenüber unterschiedlichen sexuellen Orientierungen geworben wird, obwohl dies ihrer religiösen Überzeugung widerspricht (Kaplan, 2006).

In der Umfrage von Mazziotta et al. (2015) gab etwa die Hälfte der Befragten an ($N=82$), eigene Erfahrungen mit nicht-intendierten (negativen) Effekten von interkulturellen Trainings gemacht zu haben. Am häufigsten wurde die Verstärkung von Stereotypen genannt (41 %), außerdem wurden Abwehrmechanismen wie Widerstand, Rationalisierung und Projektion (28 %), Verunsicherung (22 %), ein negatives Selbstkonzept (12 %) und negative Einstellung gegenüber Diversity (4 %) genannt. Diese Ergebnisse heben abermals hervor, welche Bedeutung die Integration von wissenschaftlichen Erkenntnissen über die Wirksamkeit von Methoden und Übungen in die Trainingspraxis hat. Auch wenn die Kontrolle von nicht-intendierten Effekten durchaus eine Herausforderung ist, so können eine engere Zusammenarbeit und Austausch von Wissenschaft und Praxis dennoch erste fruchtbare Schritte sein, um zu diskutieren, wie wissenschaftliche Befunde in die Praxis übertragen werden können, ohne nicht-intendierte Effekte von Trainings hervorzurufen.

Beispiel: Nicht-intendierte Effekte durch interkulturelle Trainings

Interkulturelle Trainings beinhalten häufig Übungen zur Perspektivübernahme. Es wird dabei davon ausgegangen, dass das Hineinversetzen in Mitglieder einer anderen Gruppe positive Auswirkungen auf die Einstellungen hat. In Bezug auf die Wirksamkeit dieser Übungen stellt sich die praktisch relevante Frage, ob unterschiedliche Formen der Perspektivübernahme, die in Trainings durch die unterschiedliche Ausgestaltung der Übungen ausgelöst werden, unterschiedliche Konsequenzen haben und ob es womöglich sogar unbeabsichtigte Effekte von Perspektivübernahme geben kann.

Die Forschungsarbeit von Vorauer und Sasaki (2009) zeigt beispielsweise, dass Perspektivübernahme in einer Situation, in der Personen in direktem Kontakt mit Personen einer anderen Gruppe stehen, negative Auswirkungen auf Vorurteile und Beurteilungen von Fremdgruppenmitgliedern haben kann. Diese negativen Effekte resultieren daraus, dass die Anwesenheit von Fremdgruppenmitgliedern Meta-Stereotype aktiviert. *Meta-Stereotype* sind Annahmen darüber, wie die Fremdgruppe die Eigengruppe sieht. Menschen denken in sozialen Interkationen sehr häufig darüber nach, wie sie von ihrem Gegenüber wahrgenommen werden. So könnte eine deutsche Person während eines Gesprächs mit einer brasilianischen denken, dass die brasilianische Person annimmt, alle Deutschen seien pedantisch und kleinkariert. Diese Gedanken könnten die intendierten positiven Effekte von Perspektivübernahme blockieren.

Wenn die Personen keinen direkten Kontakt hatten, hatte die Perspektivübernahme jedoch positive Auswirkungen. Es zeigt sich also, dass der Prozess der Perspektivübernahme nicht pauschal als positiv zu bewerten ist, sondern davon abhängig ist, ob die Teilnehmenden tatsächlich mit der Fremdgruppe interagieren oder ob es sich um abstrakte Vorstellungen von der Fremdgruppe handelt.

Erfolgsfaktoren für die Planung und Durchführung von interkulturellen Trainings

7

Trainings sollten professionell konzipiert, durchgeführt und ausgewertet werden, um sicherzustellen, dass die intendierten Prozesse angeregt werden, ohne dass ein falsches Kompetenzgefühl entsteht oder stereotype Bilder des 'Fremden' verfestigt werden.

Die Durchführung eines positiv evaluierten interkulturellen Trainings ist eine notwendige, jedoch nicht hinreichende Bedingung dafür, dass die gewünschten Interventionseffekte erreicht und langfristig beibehalten werden. Zentral ist hierbei, dass das Training an die Bedarfe der Trainingsteilnehmenden angepasst wird (Gudykunst et al., 1996; Hite & McDonald, 2006; Roberson, Kulik, & Pepper, 2003; Wentling & Palma-Rivas, 1998). Eine Bedarfsanalyse beinhaltet unter anderem eine Klärung der Frage, ob überhaupt ein Trainingsbedarf besteht, welche Ziele mit dem Training verbunden sind und unter welchen sozial-kontextuellen, organisationalen und rechtlichen Rahmenbedingungen es durchgeführt werden soll. Weitere Punkte sind die genaue Bestimmung der Zielgruppe, deren Erwartungen und Befürchtungen an das Training, sowie deren Erfahrungen und Kompetenzen in Bezug auf die Thematik.

Nach Ferreira und Abbad (2013) wird der Bedarf häufig lediglich anhand von fehlenden Kompetenzen abgeleitet, während Lernbedarfe, Weiterbildungsbedarfe oder Entwicklungsbedarfe in einem größeren Kontext nur selten Beachtung finden. Hinzu kommt, dass der zukünftige Bedarf an Kompetenzen (z. B. am Arbeitsplatz) bei der Bedarfsanalyse oft vernachlässigt wird.

Um den Bedarf zu erheben, ist es empfehlenswert, sich auf mehrere Quellen zu beziehen (z. B. Interviews mit Vorgesetzten, Fragebögen etc.). In den vergangenen Jahren wurden zunehmend Instrumente zur Messung von interkulturellen Kompetenzen entwickelt. Diese können dabei unterstützen, die Lernziele von Trainings

© Springer Fachmedien Wiesbaden 2016
A. Mazziotta et al., *Interkulturelle Trainings*, essentials,
DOI 10.1007/978-3-658-12873-9_7

näher zu definieren und geeignete Methoden auszuwählen. Zudem bieten sie für die Teilnehmenden eine gute Grundlage, um ihre Kompetenzen zu reflektieren, Entwicklungspotentiale zu benennen und individuelle Lernziele für das Training abzuleiten. Matsumoto und Hwang (2013) verglichen im Rahmen ihrer Überblicksarbeit insgesamt zehn Instrumente zur Messung von interkulturellen Kompetenzen hinsichtlich ihrer Gültigkeit (Validität) und Zuverlässigkeit (Reliabilität), zwei wichtige Gütekriterien, die bei der Bewertung von (psychologischen) Testverfahren herangezogen werden. Auf der Grundlage dieser systematischen Gegenüberstellung können die folgenden drei Instrumente zur Messung von interkulturellen Kompetenzen empfohlen werden: *Cultural Intelligence Scale* (Ang, Van Dyne, Koh, Ng, Templer, Tay, & Chandrasekar, 2007), *Multicultural Personality Inventory* (Van der Zee & Van Oudenhoven, 2001) und *Intercultural Adjustment Potential Scale* (Matsumoto, LeRoux, Iwamoto, Choi, Rogers, Tatani, & Uchida, 2003). Es liegen deutschsprachige Versionen bezüglich der beiden letztgenannten Instrumente vor.

Die Informationen aus der Bedarfsanalyse werden anschließend dazu verwendet, ein Trainingskonzept zu entwickeln, das sich an diesen Bedarfen hinsichtlich der Inhalte und der verwendeten Methoden des Trainings orientiert. Trainings, die an die Bedürfnisse, Kompetenzen und Erfahrungen der Trainingsteilnehmenden angepasst sind, können sich förderlich auf die Bereitschaft der Trainingsteilnehmenden auswirken, sich auf die Inhalte des Trainings einzulassen und während des Trainings zu lernen (Aguinis & Kraiger, 2009).

Stephan und Stephan (2013) formulierten einen Leitfaden zur evidenzbasierten und schrittweisen Planung von Maßnahmen. Evidenzbasierte Maßnahmen beruhen auf Methoden, deren Wirksamkeit auf der Basis empirisch zusammengetragener und bewerteter wissenschaftlicher Erkenntnisse nachgewiesen wurde. Stephan und Stephan (2013) unterteilen die Konzeption von evidenzbasierten interkulturellen Trainings in sechs Schritte. Obwohl einige dieser Schritte offensichtlich erscheinen, hat sich gezeigt, dass sie bei der Konzeption von Trainings häufig nicht berücksichtigt werden.

Der *erste Schritt* bezieht sich auf die Auswahl der involvierten Kulturen bzw. Subgruppen. Um eine möglichst effektive Maßnahme zu gestalten, sollten die Personen, die die Maßnahme entwickeln, die Zielkulturen (z. B. Geschichte, Bräuche, Normen) sowie die Beziehungen zwischen den betroffenen Kulturen gut kennen. Günstig wirkt sich die aktive Teilnahme von Mitgliedern der unterschiedlichen Kulturen in der Konzeption der Trainingsmaßnahme aus. So fließen durch die Beteiligten bereits kultursensible Elemente in die Konzeption ein.

Der *zweite Schritt* bezieht sich auf die Klärung der Ziele der Maßnahme. Diese sollten nicht global formuliert sein (z. B. Verbesserung von Beziehungen zwischen

Teammitgliedern), sondern sich auf spezifische und messbare Indikatoren beziehen (z. B. Reduktion von Stereotypen oder Verbesserung der non-verbalen Kommunikationsfähigkeit). Nur wenn die Lernziele detailliert beschrieben werden, können gezielt einzelne Übungen ausgewählt und konkrete Wirkprozesse benannt werden. Berardo und Deardorff (2012) zeigen auf, wie sich Lernziele anhand der kognitiven, affektiven und der Verhaltensebene spezifizieren lassen. Die gesetzten Ziele bestimmen dann, auf welchen Theorien das Training basieren sollte und welche empirischen Befunde berücksichtigt werden.

Der *dritte Schritt* bezieht sich auf die Auswahl relevanter Theorien zu Kultur, Kulturwandel und Adaptation, die relevant für die Erreichung der definierten Ziele sind (für Quellenangaben einschlägiger Theorien siehe Stephan & Stephan 2013, sowie Kasten 'Weiterführende Literatur'). Beispielsweise basiert das Diversity-Training von Ehrke et al. (2014) auf dem Eigengruppenprojektionsmodell und das Training von Madera et al. (2013) auf der Zielsetzungstheorie. Da nicht alle Theorien empirisch gestützt sind, sollten stets die aktuellen Forschungsergebnisse zu den ausgewählten Theorien gesichtet werden.

Der *vierte Schritt* bezieht sich darauf, basierend auf den Ergebnissen der vorhergehenden Phasen, psychologische Prozesse zu spezifizieren, die zur Zielerreichung führen. Prozesse auf der kognitiven Ebene sind beispielsweise die Veränderung sozialer Kategorisierung oder Selbstregulation. Prozesse auf der affektiven Ebene sind beispielsweise das Auslösen positiver Intergruppenemotionen oder die Reduktion von Intergruppenangst, und Prozesse auf der Verhaltensebene sind z. B. aktives Zuhören oder angemessenes non-verbales Verhalten.

Der *fünfte Schritt* bezieht sich darauf, Methoden, Materialien und Übungen auszuwählen, die diese Prozesse aktivieren können. Zum Beispiel führt die Beobachtung eines Videoclips, in dem ein Eigengruppenmitglied in einer positiven Kontaktsituation mit einem Fremdgruppenmitglied dargestellt wird, zu erhöhten Selbstwirksamkeitserwartungen und geringerer Intergruppenangst bei den Beobachtenden (Mazziotta, Mummendey, & Wright, 2011). Bei der Auswahl der Methoden, Materialien und Übungen sollte der Kontext berücksichtigt werden. Übungen, die beispielsweise für den nicht-formellen Bildungskontext mit Jugendlichen entwickelt wurden, können in einem Führungskräftetraining unangemessen sein.

Der *sechste Schritt* bezieht sich auf die Überprüfung der Wirksamkeit der Intervention und der Prozesse, die für die Veränderung verantwortlich sind.

Da insbesondere der dritte und der vierte Schritt zentral sind, um ein theoretisch fundiertes und evidenzbasiertes Training durchzuführen, sollten sie in der Konzeption von Trainings besonders berücksichtigt werden.

Reflexion

Überlegen Sie sich eine Situation, in der eine Maßnahme zum Thema Diversität durchgeführt werden soll. Bitte beantworten Sie folgende Fragen:

1. Um welchen Kontext handelt es sich? Was sind Besonderheiten dieses Kontextes, die beachtet werden sollten?
2. Um welche Dimension von Diversität handelt es sich? Sind eventuell mehrere Diversitätsdimensionen relevant? Welche?
3. Welche Herausforderungen treten in dieser Situation bezüglich des Umgangs mit Diversität auf?
4. Was sind Ihre Ideen für die Konzeption einer Maßnahme? Ist ein präventives Vorgehen angezeigt? An wen richtet sich die Maßnahme hauptsächlich? Was sind bestehende Ressourcen, die genutzt werden können? Auf welcher Handlungsebene ist die Maßnahme angesiedelt?

Es gibt eine Vielzahl an hilfreichen Ressourcen, die herangezogen werden können, wenn interkulturelle Trainings nach den hier empfohlenen Schritten geplant werden sollen. Die folgenden Literaturempfehlungen bieten eine Grundlage für erste Anregungen.

Weiterführende Literatur: Theorien und Methoden für interkulturelle Trainings

- Banaji, M. R., & Greenwald, A. G. (2015). *Vor-Urteile: Wie unser Verhalten unbewusst gesteuert wird und was wir dagegen tun können*. München: Deutscher Taschenbuch Verlag.
- Beelmann, A., & Jonas, K. J. (Eds.). (2009). *Diskriminierung und Toleranz: Psychologische Grundlagen und Anwendungsperspektiven*. Wiesbaden: VS Verlag.
- Berardo, K., & Deardorff, D. K. (2012). *Building cultural competence: Innovative activities and models*. Sterling, VA: Stylus.
- Dovidio, J. F., Hewstone, M., & Glick, P. (Eds.). (2010). *The SAGE handbook of prejudice, stereotyping and discrimination*. Thousand Oaks, CA: Sage.
- Jonas, K., Stroebe, W., & Hewstone, M. (Eds.). (2014). *Sozialpsychologie*. Heidelberg: Springer.
- Jones, J. M., Dovidio, J. F., & Vietze, D. L. (2013). *The psychology of diversity: Beyond prejudice and racism*. Chichester, UK: Wiley-Blackwell.
- Petersen, L. E., & Six, B. (2008). *Stereotype, Vorurteile und soziale Diskriminierung*. Weinheim: Beltz PVU.

Des Weiteren ist bei der Konzeption von interkulturellen Trainings zu berücksichtigen, dass Eigenschaften der Trainerinnen und Trainer (z. B. sozio-demografische Eigenschaften), der Trainingsteilnehmenden (z. B. Trainingsmotivation) und des Trainingskontextes (z. B. Zusammensetzung der Trainingsgruppe) einen Einfluss auf den Trainingsverlauf und deren Wirksamkeit haben können (z. B. Bezrukova, Jehn, & Spell, 2012; Roberson, Kulik, & Pepper, 2001). Der gegenwärtige Wissenstand erlaubt keine abschließenden Schlussfolgerungen darüber, wie unterschiedliche Faktoren zusammenwirken und den Trainingserfolg beeinflussen (Bezrukova et al., 2012). Teilweise widersprechen sich die Befunde einzelner Studien sogar. Dies ist auch der Fall in Bezug auf die Frage, ob die Teilnahme an einem interkulturellen Training freiwillig oder verpflichtend sein sollte. Häufig wird argumentiert, dass die Freiwilligkeit der Teilnahme mit einer höheren Offenheit einhergeht und somit bessere Effekte zu erwarten seien. Auf der anderen Seite könnte es sein, dass gerade Teilnehmende, die negative Einstellungen gegenüber Diversität haben, freiwillig gar nicht teilnehmen würden. Entgegen der Erwartungen gibt es Belege, die zeigen, dass eine verpflichtende Teilnahme durchaus positive Effekte haben kann (Rynes & Rosen, 1995).

Für Trainingsteilnehmende, aber auch für Entscheidungstragende in Institutionen, ist besonders wichtig, dass sich die Wirksamkeit der durchgeführten Trainings langfristig zeigt. Konkrete Inhalte und Übungen im Rahmen eines Trainings können einen Beitrag dazu leisten, das Gelernte auf den konkreten (Arbeits-)Alltag der Trainingsteilnehmenden zu übertragen. Idealerweise orientieren sich die Inhalte des Trainings stark an der wirklichen Alltagsumgebung und nutzen praktische Beispiele aus dem jeweiligen Kontext, damit die Trainingssituation möglichst die Realität der Teilnehmenden widerspiegelt (Grossmann & Salas, 2011). Förderlich für den Trainingstransfer wirken sich die Formulierung von Zielvereinbarungen und die Entwicklung von konkreten Implementierungsintentionen bzw. Handlungsplänen aus, um festgelegte Ziele zu erreichen (z. B. Brown, McCracken, & Hillier, 2013; Friedman & Ronen, 2015). Darüber hinaus können Trainerinnen und Trainer die Trainingsmotivation bereits bei der Konzeption und nicht erst bei der Durchführung beeinflussen, indem sie im Vorfeld ausreichend Informationen zum Ablauf und zu den Zielen bereitstellen.

Individuelle Charakteristika der Teilnehmenden (z. B. Transfermotivation, Selbstwirksamkeitserwartungen) und Organisationsfaktoren spielen ebenfalls eine zentrale Rolle für den Trainingstransfer (Blume, Ford, Baldwin, & Huang, 2010; Kontoghiorghes, 2014). Zu den organisationalen Faktoren gehören neben anderen Faktoren die Unterstützung von Vorgesetzten und Mitarbeitenden, Möglichkeiten zur Anwendung des Gelernten sowie intrinsische und extrinsische Verstärkungen des Verhaltens. Es gibt empfehlenswerte Schulungen für Vorgesetzte zur Förderung eines transferförderlichen Klimas innerhalb der Organisation (siehe Sookhai & Budworth, 2010).

Eine einfache Methode zur Erhöhung des Trainingstransfers ist das *Debriefing* (Salas, Tannenbaum, Kraiger, & Smith-Jentsch, 2012). Diese Methode besteht darin, dass Trainingsteilnehmende mit ihren Vorgesetzten oder Mitarbeitenden den Arbeitsprozess reflektieren, wobei sie die im Training erlernten Kompetenzen und Kenntnisse anwenden. Sie analysieren, was bisher gut und schlecht gelaufen ist, sowie an welchen Stellen es Möglichkeiten zur Veränderung gibt. Was bisher gut läuft, wird anerkannt und verstärkt, und in Bezug auf das, was verändert werden soll, werden mögliche Barrieren antizipiert und konkrete Handlungspläne entwickelt. Obwohl diese Methode sehr einfach anwendbar ist, wird sie in der Praxis selten genutzt (Salas et al., 2012). Damit derartige Transfermethoden genutzt werden, ist eine enge Kooperation und gute Kommunikation zwischen den durchführenden Organisationen und den interkulturellen Trainerinnen und Trainern unabdingbar. Werden Trainings in Organisationen durchgeführt, so wirkt sich die aktive Unterstützung des Top-Managements, die Einbettung der Trainings in eine übergreifende Diversity-Strategie sowie die Verknüpfung mit weiteren Diversity-Initiativen förderlich auf die Wirksamkeit von interkulturellen Trainings aus (Hite & McDonald, 2006; Rynes & Rosen, 1995; Wentling & Palma-Rivas, 1998).

Aus den Ausführungen wird deutlich, dass die Planung von effektiven interkulturellen Trainings sehr komplex ist und nicht ausschließlich in den Händen der durchführenden Trainerinnen und Trainer oder Personalabteilungen liegt. Ein Zusammenspiel der unterschiedlichen Beteiligten ist für eine gelungene Trainingsplanung und -umsetzung unabdingbar. Die Planung umfasst nicht nur das konkrete Trainingskonzept, sondern beinhaltet zusätzlich Faktoren, die in den Phasen vor, während und nach dem Training von Bedeutung sind (Salas et al., 2012). Die folgende Checkliste kann zur Bewertung von interkulturellen Trainings herangezogen werden.

Checkliste: Bewertung von interkulturellen Trainings
Nachdem der Bedarf für ein Training festgestellt wurde, steht man vor der Herausforderung, aus der Fülle der vorliegenden Angebote ein Training auszuwählen. Das ideale Training sollte sich am identifizierten Bedarf orientieren, seine Wirksamkeit sollte theoretisch begründet sowie empirisch untermauert sein und von erfahrenen, gut qualifizierten Trainerinnen und Trainern umgesetzt werden. Deshalb sollten die unterschiedlichen Trainingsangebote bezüglich der Konzeption der Trainings, deren Umsetzung und ihre empirische Bewährung verglichen werden, sofern diese Informationen vorliegen. Im Folgenden werden Kriterien formuliert, die zur Bewertung

von interkulturellen Trainings herangezogen werden können (adaptiert aus Landespräventionsrat Niedersachsen 2011; Siebert, Jungk, & Zick, 2001). Welchen Stellenwert die unterschiedlichen Kriterien haben, hängt davon ab, welche Ziele mit dem Training erreicht werden sollen und unter welchen sozial-kontextuellen und organisationalen Rahmenbedingungen es durchgeführt werden soll.

Konzeption

- Sind die Ziele des Trainings explizit formuliert und messbar?
- Handelt es sich um ein kulturallgemeines oder kulturspezifisches Training?
- Liegt dem Training ein theoretisch begründetes und empirisch gestütztes Modell zugrunde?
- Werden die Wirkfaktoren (psychologische Prozesse) klar benannt und begründet?
- Werden die verwendeten Methoden, Materialien und Instrumente begründet?
- Lösen die verwendeten Methoden, Materialien und Instrumente die intendierten Wirkfaktoren aus?
- Ist ein logischer Zusammenhang von Bedarfsanalyse – beeinflussbaren Faktoren – Zielen – Zielgruppen – Methoden erkennbar?
- Sind die Zielgruppen präzise und umfassend beschrieben?
- In welchem (kulturellen) Kontext wurde das Training entwickelt? Liegen Adaptationen für andere Kontexte oder Zielpersonen vor?

Umsetzung

- Spiegelt sich das theoretische Modell in den Inhalten des Trainings wider?
- Liegt dem Training ein bestimmtes pädagogisches Konzept zugrunde?
- Welcher Trainingsansatz wird umgesetzt (didaktisch vs. erfahrungsbasiert)? Ist dieser in Anbetracht der Lernziele, der Zielgruppe und des Trainingskontextes passend?
- Sind die eingesetzten Methoden und Materialien an die Teilnehmenden und den jeweiligen Kontext angepasst (z. B. kontextspezifische Fallaufgaben), abwechslungsreich, didaktisch gut aufgebaut und nachvollziehbar beschrieben (z. B. in einem Trainingsmanual)?
- Ist die Dauer der Trainingseinheiten in Bezug auf die erwarteten Effekte angemessen?
- Werden Maßnahmen zur Sicherung des Trainingstransfers berücksichtigt?
- Was wird unternommen, damit das neue Wissen und die angeeigneten Fähigkeiten auf Kontexte außerhalb des Trainings generalisiert werden?

Evaluation

- Liegen Informationen in Bezug auf die Akzeptanz des Trainings vor (z. B. Zufriedenheitsmessung vorhergehender Teilnehmender)?
- Liegen (un)veröffentlichte empirische Informationen in Bezug auf die Effektivität vor?
- Erfüllen die Evaluationsstudien methodische Mindestanforderungen wie Messungen vor und nach der Intervention? Gibt es eine Kontrollgruppe?
- Liegen Informationen in Bezug auf die Langzeiteffekte und/oder den konkreten Nutzen des Trainings vor?

Falls externe Trainerinnen und Trainer beauftragt werden:

- Welche beruflichen Qualifikationen und Erfahrungen haben die Trainerinnen und Trainer?
- Welchen (kulturellen) Hintergrund haben die Trainerinnen und Trainer? Ist dies ein integraler Bestandteil des Konzepts?
- Inwieweit haben die Trainerinnen und Trainer erfahrungsbasiertes Wissen in Bezug auf die im Training thematisierten Zielkulturen?
- Welche Trainingsphilosophie haben die Trainerinnen und Trainer?
- Beschränken sich die Trainerinnen und Trainer auf einzelne Zielgruppen/Themen oder präsentieren sie sich als Alleskönnende?
- Liegen Referenzen oder Trainingsevaluationen vor?

Was Sie aus diesem Essential mitnehmen können

- Interkulturelle Trainings werden in unterschiedlichen gesellschaftlichen Bereichen eingesetzt, um Trainingsteilnehmende darauf vorzubereiten, sich angemessen in kulturell diversen Situationen zu verhalten, Vorurteile und diskriminierendes Verhalten abzubauen und in konkreten Konfliktfällen handlungsfähig zu sein.
- Die Wirksamkeit von interkulturellen Trainings hängt von mehreren Faktoren ab. Interkulturelle Trainings können Trainingszufriedenheit erzeugen und Wissen vermitteln. Insbesondere theoretisch fundierte und empirisch bewährte interkulturelle Trainings, die an einen spezifischen Trainingsbedarf angepasst wurden, können auch Einstellungen ändern und verhaltensrelevante Fähigkeiten vermitteln.
- Die Evaluation von interkulturellen Trainings in der Praxis ist notwendig, um zu überprüfen, ob die spezifischen Ziele eines Trainings erreicht wurden, da trotz guter Absichten nicht-intendierte (negative) Effekte auftreten können.
- Für die schrittweise Planung eigener interkultureller Trainings und die Bewertung von existierenden interkulturellen Trainings gibt es konkrete Empfehlungen und eine Checkliste.

© Springer Fachmedien Wiesbaden 2016

A. Mazziotta et al., *Interkulturelle Trainings*, essentials,

DOI 10.1007/978-3-658-12873-9

Literatur

Aguinis, H., & Kraiger, K. (2009). Benefits of training and development for individuals and teams, organizations, and society. *Annual Review of Psychology, 60,* 451–474.

Alliger, G. M., Tannenbaum, S. I., Bennett, W., Traver, H., & Shotland, A. (1997). A meta-analysis of the relations among training criteria. *Personnel Psychology, 50,* 341–358.

Anand, R., & Winters, M.-F. (2008). A retrospective view of corporate diversity training from 1964 to the present. *Academy of Management Learning & Education, 7,* 356–372.

Ang, S., Van Dyne, L., Koh, C., Ng, K. Y., Templer, K. J., Tay, C., & Chandrasekar, N. A. (2007). Cultural intelligence: Its measurement and effects on cultural judgment and decision making, cultural adaptation and task performance. *Management and Organization Review, 3,* 335–371.

Bendick, M., Jr., Egan, M. L., & Lofhjelm, S. M. (2001). Workforce diversity training: From anti-discrimination compliance to organizational development. *Human Resource Planning, 24,* 10–25.

Berardo, K., & Deardorff, D. K. (2012). *Building cultural competence: Innovative activities and models.* Sterling, VA: Stylus.

Berry, J. W. (1997). Immigration, acculturation, and adaptation. *Applied Psychology: An International Review, 46,* 5–34.

Bezrukova, K., Jehn, K. A., & Spell, C. S. (2012). Reviewing diversity training: Where we have been and where we should go. *Academy of Management Learning & Education, 11,* 207–227.

Bhawuk, D. P. S., & Brislin, R. W. (2000). Cross-cultural training: A review. *Applied Psychology: An International Review, 49,* 162–191.

Blume, B. D., Ford, J. K., Baldwin, T. T., & Huang, J. L. (2010). Transfer of training: A meta-analytic review. *Journal of Management, 36,* 1065–1105.

Bolten, J. (2006). Interkultureller Trainingsbedarf aus der Perspektive der Problemerfahrungen entsandter Führungskräfte. In K. Götz (Ed.), *Interkulturelles Lernen/Interkulturelles Training* (6th ed., pp. 57–76). Mering: Rainer Hampp Verlag.

Bosse, E. (2009). Intercultural training and development at Hildesheim University, Germany. *Intercultural Education, 20,* 485–489.

Brislin, R. W. (1986). A culture general assimilator: Preparation for various types of sojourns. *International Journal of Intercultural Relations, 10,* 215–234.

© Springer Fachmedien Wiesbaden 2016

A. Mazziotta et al., *Interkulturelle Trainings,* essentials,

DOI 10.1007/978-3-658-12873-9

Brown, T. C., McCracken, M., & Hillier, T.-L. (2013). Using evidence-based practices to enhance transfer of training: Assessing the effectiveness of goal setting and behavioural observation scales. *Human Resource Development International, 16*, 374–389.

Chao, M. M., Okazaki, S., & Hong, Y. (2011). The quest for multicultural competence: Challenges and lessons learned from clinical and organizational research. *Social and Personality Psychology Compass, 5*, 263–274.

Deshpande, S. P., & Viswesvaran, C. (1992). Is cross-cultural training of expatriate managers effective: A meta-analysis. *International Journal of Intercultural Relations, 16*, 295–310.

Ehrke, F., & Steffens, M. C. (2014). Diversity-Trainings: Einstellungen zwischen Gruppen sozialpsychologisch fundiert verbessern. In M. Sauerland & O. L. Braun (Eds.), *Aktuelle Trends in der Personal- und Organisationsentwicklung* (pp. 127–172). Hamburg: Windmühle Verlag.

Ehrke, F., Berthold, A., & Steffens, M. C. (2014). How diversity training can change attitudes: Increasing perceived complexity of superordinate groups to improve intergroup relations. *Journal of Experimental Social Psychology, 53*, 193–206.

Ferreira, R. R., & Abbad, G. (2013). Training needs assessment: Where we are and where we should go. *Brazilian Administration Review, 10*, 77–99.

Festinger, L. (1957). *A theory of cognitive dissonance*. Stanford, CA: Stanford University Press.

Fowler, S. M., & Blohm, J. M. (2004). An analysis of methods for intercultural training. In D. Landis, J. M. Bennett, & M. J. Bennett (Eds.), *Handbook of intercultural training* (pp. 37–83). Thousand Oaks, CA: Sage.

Friedman, S., & Ronen, S. (2015). The effect of implementation intentions on transfer of training. *European Journal of Social Psychology, 45*, 409–416.

Gardenswartz, L., & Rowe, A. (2008). *Diverse teams at work: Capitalizing on the power of diversity*. Alexandria, VA: Society for Human Resource Management.

Grossman, R., & Salas, E. (2011). The transfer of training: What really matters. *International Journal of Training and Development, 15*, 103–120.

Gudykunst, W. B., & Hammer, M. R. (1983). Basic training design: Approaches to intercultural training. In D. Landis & R. Brislin (Eds.), *Handbook of intercultural training* (pp. 118–154). Elmsford, NY: Pergamon.

Gudykunst, W. B., Guzley, R. M., & Hammer, M. R. (1996). Designing intercultural training. In D. Landis & R. S. Bhagat (Eds.), *Handbook of intercultural training* (pp. 61–80). Thousand Oaks, CA: Sage.

Harris, L. C., & Ogbonna, E. (2002). The unintended consequences of culture interventions: A study of unexpected outcomes. *British Journal of Management, 13*, 31–49.

Herfst, S. L., van Oudenhoven, J. P., & Timmerman, M. E. (2008). Intercultural effectiveness training in three Western immigrant countries: A cross-cultural evaluation of critical incidents. *International Journal of Intercultural Relations, 32*, 67–80.

Hite, L. M., & McDonald, K. S. (2006). Diversity training pitfalls and possibilities: An exploration of small and mid-size US organizations. *Human Resource Development International, 9*, 365–377.

Hofstede, G. J., & Pedersen, P. (1999). Synthetic cultures: Intercultural learning through simulation games. *Simulation & Gaming, 30*, 415–440.

Jugert, G., Jugert, H., & Notz, P. (2014). *Fit für kulturelle Vielfalt: Training interkultureller Kompetenz für Jugendliche*. Weinheim: Beltz Juventa.

Kälber, C., & Braun, O. L. (2011). Interkulturelle Kompetenz: Evaluation eines Trainings zu verschiedenen Facetten der interkulturellen Kompetenz. *Polizei & Wissenschaft, 1*, 14–30.

Kaplan, D. M. (2006). Can diversity training discriminate? Backlash to lesbian, gay, and bisexual diversity initiatives. *Employee Responsibilities and Rights Journal, 18*, 61–72.

van Keuk, E., Ghaderi, C., Joksimovic, L., & David, D. M (Eds.). (2010). *Diversity: Transkulturelle Kompetenz in klinischen und sozialen Arbeitsfeldern.* Stuttgart: Kohlhammer.

Kim, B. S. K., & Lyons, H. Z. (2003). Experiential activities and multicultural counseling competence training. *Journal of Counseling & Development, 81*, 400–408.

Kirkpatrick, D., & Kirkpatrick, J. (2006). *Evaluating training programs: The four levels* (3rd ed.). San Francisco, CA: Berrett-Koehler.

Klinge, K., Rohmann, A., & Piontkowski, U. (2009). Intercultural sensitization with synthetic cultures: Evaluation of a computer-based multimedia learning tool. *International Journal of Intercultural Relations, 33*, 507–515.

Konradt, U., Hertel, G., & Behr, B. (2002). Interkulturelle Managementtrainings. *Zeitschrift für Sozialpsychologie, 33*, 197–207.

Kontoghiorghes, C. (2014). A systemic perspective of training transfer. In K. Schneider (Ed.), *Transfer of learning in organizations* (pp. 65–79). Heidelberg: Springer.

Kulik, C. T., & Roberson, L. (2008). Common goals and golden opportunities: Evaluations of diversity education in academic and organizational settings. *Academy of Management Learning & Education, 7*, 309–331.

Kumbruck, C., & Derboven, W. (2009). *Interkulturelles Training: Trainingsmanual zur Förderung interkultureller Kompetenzen in der Arbeit.* Heidelberg: Springer.

Landespräventionsrat Niedersachsen. (2011). *CTC Programm-Datenbank: Auswahl- und Bewertungskriterien.* Retrieved from http://www.justiz.nrw.de/JM/praevention/frueheres/qualitaet/CTC-Programm_-_Datenbank.pdf.

Leung, A. K., Maddux, W. W., Galinsky, A. D., & Chiu, C. Y. (2008). Multicultural experience enhances creativity: The when and how. *American Psychologist, 63*, 169–181.

Locke, E. A., & Latham, G. P. (1990). *A theory of goal setting and task performance.* Englewood Cliffs, NJ: Prentice Hall.

Lott, B. (2010). *Multiculturalism and diversity: A social psychological perspective.* Chichester, UK: Wiley-Blackwell.

Madera, J. M., King, E. B., & Hebl, M. R. (2013). Enhancing the effects of sexual orientation diversity training: The effects of setting goals and training mentors on attitudes and behaviors. *Journal of Business and Psychology, 28*, 79–91.

Matsumoto, D., & Hwang, H. C. (2013). Assessing cross-cultural competence: A review of available tests. *Journal of Cross-cultural Psychology, 44*, 849–873.

Matsumoto, D., LeRoux, J. A., Iwamoto, M., Choi, J. W., Rogers, D., Tatani, H., & Uchida, H. (2003). The robustness of the intercultural adjustment potential scale (ICAPS): The search for a universal psychological engine of adjustment. *International Journal of Intercultural Relations, 27*, 543–562.

Mazziotta, A., Mummendey, A., & Wright, S. C. (2011). Vicarious intergroup contact effects: Applying social-cognitive theory to intergroup contact research. *Group Processes & Intergroup Relations, 14*, 255–274.

Mazziotta, A., Rohmann, A., & Piper, V. (2015). *Diversity trainings in German speaking countries: Status quo and perspectives for a science-practice dialogue.* Unpublished Manuscript, University of Hagen.

McCaffery, J. A. (1995). The role play: A powerful but difficult training tool. In S. M. Fowler & M. G. Mumford (Eds.), *Intercultural source-book: Cross-cultural training methods* (Vol. 1, pp. 17–25). Yarmouth, ME: Intercultural Press.

Mendenhall, M. E., Stahl, G. K., Ehnert, I., Oddou, G., Osland, J. S., & Kühlmann, T. M. (2004). Evaluation studies of cross-cultural training programs: A review of the literature from 1988–2000. In D. Landis, J. M. Bennett, & M. J. Bennett (Eds.), *Handbook of intercultural training* (3rd ed., pp. 129–143). Thousand Oaks, CA: Sage.

Mummendey, A., & Wenzel, M. (1999). Social discrimination and tolerance in intergroup relations: Reactions to intergroup difference. *Personality and Social Psychology Review, 3,* 158–174.

Oberst, J., & Thomas, A. (2012). *Beruflich in Israel: Trainingsprogramm für Manager, Fach- und Führungskräfte.* Göttingen: Vandenhoeck und Ruprecht.

Paluck, E. L. (2006). Diversity training and intergroup contact: A call to action research. *Journal of Social Issues, 62,* 577–595.

Pendry, L. F., Driscoll, D. M., & Field, S. C. T. (2007). Diversity training: Putting theory into practice. *Journal of Occupational and Organizational Psychology, 80,* 27–50.

Pusch, M. D. (2004). Intercultural training in historical perspective. In D. Landis, J. M. Bennett, & M. J. Bennett (Eds.), *Handbook of intercultural training* (pp. 13–35). Thousand Oaks, CA: Sage.

Putnam, R. D. (2007). E pluribus unum: Diversity and community in the twenty-first century; The 2006 Johan Skytte prize lecture. *Scandinavian Political Studies, 30,* 137–174.

Richard, O. C., Kirby, S. L., & Chadwick, K. (2013). The impact of racial and gender diversity in management on financial performance: How participative strategy making features can unleash a diversity advantage. *The International Journal of Human Resource Management, 24,* 2571–2582.

Roberson, L., Kulik, C. T., & Pepper, M. B. (2001). Designing effective diversity training: Influence of group composition and trainee experience. *Journal of Organizational Behavior, 22,* 871–885.

Roberson, L., Kulik, C. T., & Pepper, M. B. (2003). Using needs assessment to resolve controversies in diversity training design. *Group & Organization Management, 28,* 148–174.

Rohmann, A., Froncek, B., Mazziotta, A., & Piper, V. (2015). *„Did the training meet your expectations?" A field study on the current evaluation practices of diversity trainings in German-speaking countries.* Unpublished Manuscript, University of Hagen.

Rynes, S., & Rosen, B. (1995). A field survey of factors affecting the adoption and perceived success of diversity training. *Personnel Psychology, 48,* 247–270.

Salas, E., Tannenbaum, S. I., Kraiger, K., & Smith-Jentsch, K. A. (2012). The science of training and development in organizations: What matters in practice. *Psychological Science in the Public Interest, 13,* 74–101.

Sanchez, J. I., & Medkik, N. (2004). The effects of diversity awareness training on differential treatment. *Group & Organization Management, 29,* 517–536.

Siebert, U., Jungk, S., & Zick, A. (2001). ‚Durch den Dschungel von Trainings' – Eine Checkliste für OrganisatorInnen von antirassistischen und interkulturellen Trainings. In Landeszentrum für Zuwanderung NRW (Eds.), *Interkulturelle und antirassistische Trainings – aber wie? Konzepte, Qualitätskriterien und Evaluationsmöglichkeiten* (pp. 89–93). Solingen: Landeszentrum für Zuwanderung NRW.

Slate, E. J., & Schroll-Machl, S. (2013). *Beruflich in den USA: Trainingsprogramm für Manager, Fach- und Führungskräfte.* Göttingen: Vandenhoeck und Ruprecht.

Sookhai, F., & Budworth, M.-H. (2010). The trainee in context: Examining the relationship between self-efficacy and transfer climate for transfer of training. *Human Resource Development Quarterly, 21,* 257–272.

Stephan, W. G. (2014). Intergroup anxiety: Theory, research, and practice. *Personality and Social Psychology Review, 18,* 239–255.

Stephan, W. G., & Stephan, C. W. (2013). Designing intercultural education and training programs: An evidence-based approach. *International Journal of Intercultural Relations, 37,* 277–286.

Storti, C. (1994). *Cross-cultural dialogues: 74 brief encounters with cultural difference.* Yarmouth, ME: Intercultural Press.

Stringer, D., & Cassiday, P. (2003). *52 activities for exploring value differences.* Yarmouth, ME: Intercultural Press.

Thiagarajan, S. (2006). *Barnga: A simulation game on cultural clashes.* Yarmouth, ME: Intercultural Press.

Thomas, A., Schenk, E., & Heisel, W. (2014). *Beruflich in China: Trainingsprogramm für Manager, Fach- und Führungskräfte.* Göttingen: Vandenhoeck und Ruprecht.

Van der Zee, K. I., & Van Oudenhoven, J. P. (2001). The multicultural personality questionnaire: Reliability and validity of self- and other ratings of multicultural effectiveness. *Journal of Research in Personality, 35,* 278–288.

Von Bergen, C., Soper, B., & Foster, T. (2002). Unintended negative effects of diversity management. *Public Personnel Management, 31,* 239–251.

Vorauer, J. D., & Sasaki, S. J. (2009). Helpful only in the abstract? Ironic effects of empathy in intergroup interaction. *Psychological Science, 20,* 191–197.

Walton, G. M. (2014). The new science of wise psychological interventions. *Current Directions in Psychological Science, 23,* 73–82.

Walton, G. M., Cohen, G. L., Cwir, D., & Spencer, S. J. (2012). Mere belonging: The power of social connections. *Journal of Personality and Social Psychology, 102,* 513–532.

Wegge, J., & Schmidt, K.-H. (2015). *Diversity Management: Generationenübergreifende Zusammenarbeit fördern.* Göttingen: Hogrefe.

Wentling, R. M., & Palma-Rivas, N. (1998). Current status and future trends of diversity initiatives in the workplace: Diversity experts' perspective. *Human Resource Development Quarterly, 9,* 235–253.

Yang, Y., & Konrad, A. M. (2011). Diversity and organizational innovation: The role of employee involvement. *Journal of Organizational Behavior, 32,* 1062–1083.